Karl Kraus

# Nachts

D1620746

SE**V**ERUS

**Kraus, Karl:** Nachts
**Hamburg, SEVERUS Verlag 2013**


ISBN: 978-3-86347-473-7
Druck: SEVERUS Verlag, Hamburg, 2013


Der SEVERUS Verlag ist ein Imprint der Diplomica Verlag
GmbH.

**Bibliografische Information der Deutschen
Nationalbibliothek:**
Die Deutsche Nationalbibliothek verzeichnet diese
Publikation in der Deutschen Nationalbibliografie; detaillierte
bibliografische Daten sind im Internet über http://dnb.d-
nb.de abrufbar.

DEM ANDENKEN DER FREUNDIN

ELISABETH REITLER

# I
# Eros

Er mit dem Geist und sie mit der Schönheit
mußten auseinander und hinaus. Es mit der Technik
schafft da und dort Ersatz.

\*

Die Lust des Mannes wäre nur ein gottloser
Zeitvertreib und nie erschaffen worden, wenn sie
nicht das Zubehör der weiblichen Lust wäre. Die
Umkehrung dieses Verhältnisses zu einer Ordnung,
in der sich eine ärmliche Pointe als Hauptsache
aufspielt und nachdem sie verpufft ist, das reiche
Epos der Natur tyrannisch abbricht, bedeutet den
Weltuntergang: auch wenn ihn die Welt bei technischer, intellektueller und sportlicher Entschädigung
durch ein paar Generationen nicht spürt und nicht
mehr Phantasie genug hat, sich ihn vorzustellen.

\*

Es ist gut, daß es der Gesellschaft, die daran
ist, die weibliche Lust trocken zu legen, zuerst mit
der männlichen Phantasie gelingt. Sie wäre sonst
durch die Vorstellung ihres Endes behindert.

\*

Der Mann hat keinen persönlicheren Anteil an
der Lust, als der Anlaß an der Kunst. Und wie jeder

Anlaß überschätzt er sich und bezieht es auf sich.
Der einzelne Lump sagt auch, ich hätte über ihn
geschrieben, und hält seinen Anteil für wichtiger
als den meinen. Nun könnte er noch verlangen, daß
ich ihm treu bleibe. Aber die Wollust meint alle und
gehört keinem.

*

  Das Weib nimmt einen für alle, der Mann alle
für eine.

*

  Die Lust hat es nur mit dem Ersatzmann zu
tun. Er steht für den andern, für alle oder für sich
selbst. Der ganze Mann in der Lust ist ein Greuel
vor Gott. Hierin dürfte die Wedekindsche Welt
begrenzt sein: vor dem tief erkannten Naturbestand
des Weibes die tief gefühlte Sehnsucht des Rivalen.
Weibliche Genußfähigkeit als Ziel des Mannes, nicht
als geistige Wurzel. Anspruch einer physischen
Wertigkeit, mit der sich's in Schanden bestehen
ließe. Nicht Kräfte, die einander erschaffen, sondern
Lust um der Lust willen. Tragisch das Weib erfaßt,
weil es anders sein muß als von Natur, und damit
eine Tragik des Mannes gepaart, weil er anders von
Natur ist. Aber tragisch wird nur das weiblich Un-
begrenzte an einer Ordnung, die sich die männliche
Begrenztheit erfunden hat. Diese ist nicht tragisch,
sondern nur traurig von Natur, und hassenswert,
weil sie die Freiheit des Weibes in das Joch ihrer
Eitelkeit spannt, den eigenen Defekt an der Fülle
rächt und etwas beraubt, um es zu besitzen. Hier
ist nicht Schicksal, sondern ein Zustand, dessen

Verlängerung, ja Verewigung selbst keine Schöpfer-
kraft gewährte. Denn in nichts wird die Hemmungslosigkeit des Mannes umgesetzt. Sie bleibt irdisch.
Die Lust aber, die der Erdgeist genannt wird, braucht
ihren Zunder, doch auf den Funken kommt es an,
den sie in eine Seele wirft. Dieser Dichter hat Lulu
erkannt; aber er beneidet ihren Rodrigo. Dieses Genie
der Begrenztheit — in der genialen Hälfte genialer
als irgendein Ganzer im heutigen Deutschland —
sehe ich in den Anblick des Fremier'schen Gorilla
vertieft. Um die Ohnmacht der Frau — ihr Anblick
gibt den Engeln Stärke, wenn keiner sie ergründen
mag — weiß er. Aber die Kraft des Tieres scheint
ihm zu imponieren.

*

»Bei mir besteht die intimste Wechselwirkung
zwischen meiner Sinnlichkeit und meinem geistigen
Schaffen«, bekennt Lulus Alwa mit der seinem Dichter
eigentümlichen großartigen Sachlichkeit. Aber da ist
jene, die Sinnlichkeit, im Vorsprung. Es heiße so:
»Bei mir besteht die intimste Wechselwirkung zwischen
deiner Sinnlichkeit und meinem geistigen Schaffen!«

*

Sein Dichten bot einen zentaurenhaften Anblick:
unten war die Lust eines Hengstes, die sich zum
Geist eines Mannes fortsetzte.

*

Er, der genug Kraft hat, um seine Welt aus
dem Geschlecht zu erschaffen, aber nicht genug

Geist, um sie daraus zu erlösen, schrieb den Satz:
»Zwischen ihm und zwischen ihr hat sich
etwas abgespielt.« Damit hatte er unbedingt seine
bedingte Wahrheit gesagt und dem Erdgeist alles
gegeben, was notwendig ist, damit auch zwischen
ihm und ihr sich etwas abspiele und damit sich
auch etwas abspiele, was nicht nur jedem eigen-
tümlich ist wie das Geschlecht, sondern beiden gemeinsam wie der Geist.

*

Dieser Dichter war nur schamlos aus lauter
Schamgefühl. Er schämte sich so sehr seiner Sittlich-
keit, daß er sich Stoffe umhing, an denen das
Publikum Anstoß nahm.

*

Wenn man nur beizeiten den Kindern verboten
hätte, sich zu schneuzen, die Erwachsenen würden
schon rot werden dabei.

*

Sexuelle Aufklärung ist jenes hartherzige Verfahren, wodurch es der Jugend aus hygienischen
Gründen versagt wird, ihre Neugierde selbst zu
befriedigen.

*

Sexuelle Aufklärung ist insoweit berechtigt, als
die Mädchen nicht früh genug erfahren können, wie
die Kinder nicht zur Welt kommen.

*

Es gibt eine Pädagogik, die sich schon zu Ostern entschließt, die Jugend schonend darauf vorzubereiten, was im geheimnisvollen Zimmer am Christbaum hängt.

*

Die Tragik des Gedankens, Meinung zu werden, erlebt sich am schmerzlichsten in den Problemen des erotischen Lebens. Das geistige Erlebnis läßt hier Reue zurück, wenn es jene ermuntert, die bestenfalls recht haben können. Und so mag es gesagt sein: Jedes Frauenzimmer, das vom Weg des Geschlechts in den männlichen Beruf abirrt, ist im Weiblichen echter, im Männlichen kultivierter als die Horde von Schwächlingen, die es im aufgeschnappten Tonfall neuer Erkenntnisse begrinsen und die darin nur den eigenen Mißwachs erleben. Das Frauenzimmer, das Psychologie studiert, hat am Geschlecht weniger gefehlt, als der Psycholog, der ein Frauenzimmer ist, am Beruf.

*

Wenn eine Frau ein Genie ist, dann ist sie es höchstens die paar Tage, die eine Frau dafür büßt, daß sie ein Weib ist. All die andere Zeit aber dürfte sie dafür büßen, daß sie ein Weib und ein Genie ist.

*

Weibliche Juristen? Juris uterusque doctor? Blutiger Dilettantismus!

*

Weibliche Doktoren — warum denn eigentlich nicht? Warum sollen sie's nicht treffen? Ich kenne so wenige männliche Doktoren, daß ich mir oft denke, hier muß ein starker Bedarf sein, und da die Weiber doch eben das Zeug haben, das den Männern fehlt, so werden sie's schon machen. Männer fürchten sich nicht vor Weibern. Somit kann der Widerstand gegen die Frauenbewegung nur die Furcht der Weiber vor den Männern sein.

\*

Das Kleid macht nicht den Mann. Das gilt jetzt nicht mehr in sozialer, sondern nur noch in sexueller Beziehung. Das Kleid macht nicht das Weib. Das gilt erst jetzt.

\*

Ich lasse mich durch keinen Vollbart mehr täuschen. Ich weiß schon, welches Geschlecht hier im Haus die Hosen anhat.

\*

Meine Eroberungen sind Halbmänner ; denn die Halbweiber halten es mit diesen.

\*

Das Weib ist von der Geste betäubt; der Mann habe Achtung vor dem Inhalt. Da es die beiden Typen nicht mehr gibt, so bin ich auf jenen trübseligen Mischmasch angewiesen, der in die Hosen gefahren ist und mich in Liebe und Haß umgeilt. Ich muß immer neun Zehntel der Verehrung abziehen, um auf den brauchbaren Rest zu kommen. Wie wenig Menschentum bleibt, wenn sich das Femininum verflüchtigt hat!

\*

Meine Wirkung ist nur die des Spielers auf das Weib. Im Zwischenakt sind alle gegen mich, je mehr sie im Akt bei der Sache waren.

*

Weibersachen kann ich höchstens in meinen Vorlesungen brauchen. Dort unterstützen sie die Wirkung und machen an meinen Nerven gut, was sie in der Literatur an ihnen gesündigt haben. Mit Händen soll man applaudieren und nicht schreiben. Ich mit den meinen möchte lieber ohrfeigen als schreiben, wenn nicht die Gefahr bestünde, daß es als Gewährung empfunden wird und eine zärtliche Stimme bebend flüstert: Noch!

*

Den tiefsten und echtesten Beweis ihrer Verehrung sind sie mir schuldig geblieben: die eigene Überflüssigkeit zu erkennen und bei meinen Lebzeiten wenigstens literarisch abzudanken. Solange ich diese Wirkung nicht erzielt habe, glaube ich nicht an die Nachhaltigkeit meines Einflusses. Oderint, dum metuant. Mögen sie lieben, wenn sie nur nicht schreiben!

*

Viele Herren, denen ich den Laufpaß gegeben habe, haben sich dadurch in ihren weiblichsten Empfindungen verletzt gefühlt.

*

Ich bin vorsichtig geworden. Als ich einmal einen Anbeter hinauswarf, wollte er mich wegen Religionsstörung anzeigen.

*

Der Mann muß die Weiber totschweigen, weil
sie von ihm genannt werden wollen. Sie sollen ihn
totschweigen; denn er will Ruhe haben.

*

Wenn mich einer eitel und gemein nennt, so
weiß ich, daß er mir vertraut und mir etwas zu
beichten hätte.

*

Aufregen kann ich sie alle. Jeden einzelnen zu
beruhigen, geht über meine Kraft.

*

Männlichkeit beweist sich jetzt nur an jenen,
die ihr erliegen. Denn der Mann, der mich achtet,
könnte sich irren. Das Weibliche irrt nie, weil es
nicht durch Urteil spricht, sondern durch Unruhe.
Warum mache ich doch Wesen unruhig, die
schmutzige Finger haben!

*

Ihr wart nicht hübsch genug und nicht genug
mutig, junge Kastraten, in einem bestimmten Punkt
eurer Entwicklung, da ihr zum Mann eure Blicke
aufzuschlagen begannet, euch vom erstbesten mit-
nehmen zu lassen. So hat sich euer Trieb in die
Büsche des Intellekts geschlagen und tobt nun in einem
Dschungel von Sperma und Druckerschwärze. Und
so ist das Inferno dieser letzten Literatur entstanden.
Und ich, auf den alle Fliegen fliegen, bin das
Opfer. Fragt man so einen, warum er mich hasse,
so antwortet er: Er hat mich nicht angesehn! Oder:

Er ist da und man sieht mich nicht! Oder: Ich
spreche wie er und man hört ihn! Journalisten waren
ehedem eine verlorene Abart von Mann. Ich weiß
schon, welchen Beruf die heutigen verfehlt haben.

\*

Ich vielgeliebter, schöner, grausamer Mann,
was habe ich ihnen nur angetan? Nichts, und das
ist es eben. Wie sehne ich mich aus dieser Position
einer Einsamkeit, die von so vielen geteilt wird!
Wenn ich Gefangene gemacht habe und sie mich
nicht mehr loslassen, so will ich auf die Gefangenen
verzichten, und tue ich das, so werde ich erst recht
das Opfer der Beute. Schafft denn Ruhe nicht Ruhe?
Wird denn das erotische Gesetz, daß Entfernung
nähert, bei mir nie eine Ausnahme machen? Wenn
ich Selbstmord begehe, sind sie erschossen!

\*

Eine der verkehrungswürdigsten Redensarten
ist die von den schlechten Beispielen, die gute Sitten
verderben. In einem vaginalen Zeitalter kann das nur
von den guten Beispielen behauptet werden. Denn
das Frauenzimmer, das in einem Burschen von heute
herumrumort, hat den fatalen Hang zur Ich-Behauptung.
Daß sein Ich weniger ist als Hundedreck, sieht es
nicht ein; im Gegenteil wird es immer das Gegenteil
von dem tun wollen, was der männliche Verstand
für gut erkannt hat. Ich habe Burschen neben mir
herumwetzen gesehn, die mir nicht allein wider-
sprachen, wiewohl ich recht hatte, sondern eben deshalb. Das waren sicher nicht werdende Männer. Denn

für den Mann ist das Rechthaben keine erotische
Angelegenheit und er zieht das fremde Recht dem
eigenen Unrecht gut und gern vor. Tut er das
aber, so sagt der andere, der kein Mann ist, er
habe es nur mir zuliebe getan. Es ist das deutliche
Kennzeichen einer hysterisch verwirrten Umgebung,
daß das, was in Erfüllung einer ethischen Forderung
geschehen muß, auf Rechnung der Abhängigkeit von
mir gesetzt wird. Ist meine Ansicht mit jener
Forderung eben identisch — was wohl öfter der Fall
sein wird, weil ich sonst solchen Einfluß nicht erlangt
hätte —, so werden die meisten jungen Leute lieber
unanständig handeln, als daß sie in einen Schein der
Abhängigkeit von mir kommen wollten. Es sind die
Ich-Behaupter. Vom Ich ist dann freilich nur eine
Gemeinheit zu sehen, und die Abhängigkeit, deren
Schein vermieden werden sollte, ist durch die strikte
Befolgung des Gegenteils bewiesen. Mit Anstand
unter mir zu leiden, das verstehen wenige. Mit mir,
noch weniger. Wenn ich unter hundert fünf kennen
gelernt hätte, die darum, weil sie jünger oder
schwächer waren als ich, nicht unglücklich, unruhig,
geisteskrank oder schuftig wurden, sondern harmo-
nisch, still, normal und anständig blieben, so könnte
ich sagen, daß ich ein geselliges Leben geführt habe.

*

Heute kann es vorkommen, daß man ausrufen
hört: »Er hat so etwas Männliches an sich!« Und
es ruft ein Herr. Gleich daneben: »Sie hat etwas
Weibliches!« Und es ruft eine Dame.

*

Das eine Geschlechtsmerkmal reicht wieder vollständig aus. Man kann eine Suffragette von einem Ballettänzer unterscheiden.

*

Ob der Mann bühnenfähig ist, bedarf erst einer Probe. Die Frau ist immer auf der Probe und bühnenfähig von Natur. Sie lebt vor Zuschauern. Sie fühlt sich als Mittelpunkt, wenn sie über die Straße geht, und begrüßten die Statisten auch den Einzug Napoleons. Und alle Blicke bezieht sie auf den Mittelpunkt.

*

Der Mann bildet sich ein, daß er das Weib ausfülle. Aber er ist nur ein Lückenbüßer.

*

Tragische Sendung der Natur! Warum ist diese lange Lust des Weibes nicht feststellbar wie der männliche Augenblick!

*

Der Zustand der Geschlechter ist so beschämend wie das Resultat der einzelnen Liebeshandlung: Die Frau hat weniger an Lust gewonnen, als der Mann an Kraft verloren hat. Hier ist Differenz statt Summe. Ein schnödes Minus, froh, sich in Sicherheit zu bringen, macht aus einem Plus ein Minus. Hier ist der wahre Betrug. Denn nichts paßt zu einer Lust, die erst beginnt, schlechter als eine Kraft, die schon zu Ende ist; keine Situation, in der Menschen zu einander geraten können, ist erbarmungsloser und keine erbarmungswürdiger. In dieser Lücke wohnt die ganze Krankheit der Welt. Eine soziale Ordnung, die das nicht erkennt und sich nicht entschließt, das Maß der Freiheit zu vertauschen, hat die Menschheit preisgegeben.

*

Perversität ist die haushälterische Fähigkeit, die Frauen auch in den Pausen genießbar zu finden, zu denen sie die männliche Norm verurteilt hat.

*

Perversität ist entweder ein Zustand oder eine Fähigkeit. Die Gesellschaft wird eher dazu gelangen, den Zustand zu schonen als die Fähigkeit zu achten. Auf dem Weg des Fortschritts wird sie so weit kommen, auch hier der Geburt den Vorzug zu geben vor dem Verdienst. Aber wenigstens wird sich die Norm dann nur mehr über das Genie entrüsten, das heute diese Ehre mit dem Monstrum teilen muß.

*

Ein perverser Kopf kann an der Frau gutmachen, was zehn gesunde Leiber an ihr nicht gesündigt haben.

*

Liebe und Kunst umarmen nicht, was schön ist, sondern was eben dadurch schön wird.

*

Erotik macht aus einem Trotzdem ein Weil.

*

Wand vor der Lust: Vorwand der Lust.

*

Erotik ist immer ein Wiedersehen. Sie zieht es sogar der ersten Begegnung vor.

*

Der schöpferische Mensch sieht Helenen in jedem Weibe. Er hat aber die Rechnung ohne den Analytiker gemacht, der ihn erst darüber aufklärt, was er eigentlich in Helenen zu sehen habe.

*

Wie Schönheit zustandekommt — das weiß die Nachbarin. Wie Genie entsteht — das weiß sie auch, die Analyse.

*

Die Kultur hat nur ein vorgeschriebenes Maß von Schönheit nötig. Sie macht sich alles selbst, sie hat ihre Kosmetik und braucht nichts mehr vom Kosmos zu borgen.

*

Bestimmung führt die Frau dem ersten zu. Zufall dem besten. Wahl dem ersten besten.

*

Alle Memoirenliteratur ist voll der erotischen Unbedenklichkeit hochgestellter Frauen, die sich die Natur durch die Würze ihres Falles versüßt haben. Mit Neugier oder Entrüstung — die Welt hat es zur Kenntnis genommen, daß der Diener seiner Herrin oft mehr zu sagen hatte als ihr Herr. Mit Staunen, daß sie doch die Herrin blieb. Denn die Natur, die der Würde etwas vergeben kann, ersetzt den Ausfall durch Persönlichkeit. Die Befremdung jener Kreise

aber, in denen der Beischlaf eine Haupt- und Staats-
aktion ist, wird begreiflich. Die Bürgerin, die sich dem
Fürsten überläßt, kann sich etwas für ihren Ruf
erhoffen; aber ein letzter Instinkt, den sie sich erhalten hat, sagt ihr, daß sie sich im Verkehr mit dem
Pöbel seelisch verlieren könnte, und das möchte
einem Parvenü schlecht anstehn. »Sich wegwerfen«
heißt nur dort ankommen, wohin man gehört.

\*

Die Ehe ist eine Mesalliance.

\*

Das eheliche Schlafzimmer ist das Zusammenleben von Roheit und Martyrium.

\*

Vieles, was bei Tisch geschmacklos ist, ist im
Bett eine Würze. Und umgekehrt. Die meisten Verbindungen sind darum so unglücklich, weil diese
Trennung von Tisch und Bett nicht vorgenommen
wird.

\*

Erröten, Herzklopfen, ein schlechtes Gewissen —
das kommt davon, wenn man nicht gesündigt hat.

\*

In diesem Vergleich müssen sie's verstehen:
Wie legen die Bürger die Liebe an? Sie essen vom
Kapital und haben es in der eisernen Kasse liegen.

\*

Eifersüchtige sind Wucherer, die vom eigenen Pfund die höchsten Zinsen nehmen.

*

Die wahre Eifersucht will nicht nur Treue, sondern den Beweis der Treue als eines vorstellbaren Zustands. Dem Eifersüchtigen genügt nicht, daß die Geliebte nicht untreu ist. Eben das, was sie nicht tut, läßt ihn nicht zur Ruhe kommen. Da es aber für Unterlassung keinen Beweis gibt und der Eifersüchtige auf einen Beweis dringt, so nimmt er schließlich auch mit dem Beweis der Untreue vorlieb.

*

Eifersucht ist immer unberechtigt, finden die Frauen. Denn entweder ist sie berechtigt oder unberechtigt. Ist sie unberechtigt, so ist sie doch nicht berechtigt. Ist sie aber berechtigt, so ist sie nicht berechtigt. Nun also. Und so bleibt nichts übrig als der Wunsch, einmal doch den Augenblick zu erwischen, wo sie berechtigt ist!

*

In der Liebe ist jener der Hausherr, der dem andern den Vortritt läßt.

*

Der Erotiker wird der Frau jeden gönnen, dem er sie nicht gönnt.

*

Der Sklave! Sie macht mit ihm rein was er will.

*

Er zwang sie, ihr zu willen zu sein.

\*

Ich habe von Monistenklöstern gehört. Bei
ihrem Gott, keine der dort internierten Nonnen hat
etwas von mir zu fürchten!

\*

Wiewohl es nicht reizlos wäre, einer Bekennerin
auf dem Höhepunkt der Sinnenlust »Sag: Synergetische Funktion der organischen Systeme!« zuzurufen.

\*

Die gebildete Frau ist unaufhörlich mit dem
Vorsatz befaßt, keinen Geschlechtsverkehr einzu-
gehen, und ist auch imstande, ihn, nämlich den
Vorsatz, auszuführen.

Der gebildete Mann ist nie mit dem Vorsatz
befaßt, keinen Gedanken zu haben, sondern es
gelingt ihm, ehe er sich dazu entschließt.

\*

Es ist nicht wahr, daß ich immer nur zerstören
und nicht aufbauen kann. Es ist eine Lüge, daß ich
zu positiven Bestrebungen unfähig bin. Nichts möchte
ich lieber erreichen, nichts interessiert mich mehr,
nichts ist mir wichtiger zu wissen, als was übers
Jahr herauskommt, wenn ich in einem abgesperrten
finstern Raum eine Anhängerin des allgemeinen
Wahlrechts und einen Monisten über vergleichende
Menschenökonomie und die synergetische Funktion
der organischen Systeme sowie auch über die

Stellung des Selektionsprinzips in der Entwicklungs-
theorie zusammen nachdenken lasse.

\*

Nietzsche soll gesagt haben : »Weiber werden
aus Liebe ganz zu dem, als was sie in der Vorstellung der Männer, von denen sie geliebt werden,
leben.« Aber da möchte ich mich doch lieber auf
die Vorstellung verlassen.

\*

Eine Frau soll nicht einmal meiner Meinung
sein, geschweige denn ihrer.

\*

Eine Frau muß so gescheit aussehen, daß ihre
Dummheit eine angenehme Überraschung bedeutet.

\*

Wo ist das Weib hin, dessen Fehler ein Ganzes
bilden !

\*

Genie ist die freie Verfügung über alle jene Eigenschaften, die jede für sich einen Krüppel beherrschen.

\*

Sinnlichkeit weiß nichts von dem, was sie getan hat.
Hysterie erinnert sich an alles, was sie nicht getan hat.

\*

Die Huren auf der Straße benehmen sich so
schlecht, daß man daraus auf das Benehmen der
Bürger im Hause schließen kann.

\*

Daß eine einen Bürger ruiniert, ist eine schwache Entschädigung dafür, daß sie einen Dichter nicht anregt.

*

Es ist peinlich, wenn sich ein Geschenk für den Geber als Danaergeschenk herausstellt.

*

Eine Dame scheint wohl wie die Sonne, darf aber mit ihr schon darum nicht verwechselt werden, weil sich die Sonne mit so vielen an einem Tage abgibt, während die Dame von Gott geschaffen ist, um einem einzigen Bankdirektor warm zu machen, womit sie auch alle Hände voll zu tun hat, so daß sie sich gar nichts anderes verlangt, indem sie weiß, daß es ihr solange zugute kommt, bis sie kalt wird und bis auch der Bankdirektor das Bedürfnis fühlt, zur Sonne zu gehen, die sich mit so vielen an einem Tage abgibt, amen.

*

Die Jüdin lügt noch zum Weib dazu. Sie bereichert die Jahrtausendlüge des Geschlechts aus der Gnade der Rasse und durch die Fleißaufgabe des persönlichen Ehrgeizes.

*

Es gibt Frauen, die auf ihrem Gesicht mehr Lügen aufgelegt haben als Platz ist: die des Geschlechts, die der Moral, der Rasse, der Gesellschaft, des Staates, der Stadt, und wenn es gar Wienerinnen sind, die des Bezirkes und die der Gasse.

*

Mit den Rechnerinnen der Liebe kommt man schwer zum Resultat. Sie fürchten entweder, daß eins und eins null gibt, oder hoffen, daß es drei geben wird.

*

Es gibt Weiber, die so stolz sind, daß sie sich nicht einmal durch Verachtung zu einem Manne hingezogen fühlen.

*

Ich hab' einmal eine gekannt, die hat zum Teufel »Sie Schlimmer« gesagt und nachher: »Was werden Sie von mir denken«. Da mußte der Teufel mit seiner Wissenschaft einpacken. Sein Trost war, daß sie immerhin beim Gebet auch nicht an Gott glaubte.

*

Auf lautes Herzklopfen nicht Herein! zu sagen — dazu ist wahrlich die beste nicht gut genug.

*

Er war so unvorsichtig, ihr vor jedem Schritt die Steine aus dem Weg zu räumen. Da holte er sich einen Fußtritt.

*

Das Weib läßt sich keinen Beschützer gefallen, der nicht zugleich eine Gefahr ist.

*

Der Lebemann steht unter dem Philister, weil er als Beteiligter die Frau dem unbeteiligten Philister zur Verachtung zutreibt.

*

Was ist meine Liebe? Daß ich die schlechten Züge am Weib zum guten Bild vereine. Was ist mein Haß? Daß ich am schlechten Bild des Manns die schlechten Züge sehe.

*

Man kann eine Frau nicht hoch genug überschätzen.

*

Der Mann ist der Anlaß der Lust, das Weib die Ursache des Geistes.

*

An der schönen Herrin sprangen ihre Hunde empor wie seine Gedanken und legten sich ihr zu Füßen wie seine Wünsche.

*

Sie sagte, sie lebe so dahin. Dahin möchte ich sie begleiten!

# II
# Kunst

Trauer und Scham sollten alle Pausen wahrer Männlichkeit bedecken. Der Künstler hat außerhalb des Schaffens nur seine Nichtswürdigkeit zu erleben.

*

Die Eifersucht auf die ungestaltete Materie, die mir täglich um die Nase wippt und wetzt, schwippt und schwätzt, auf Menschen, die leider noch existent, aber noch nicht erschaffen sind, läßt sich schwer einem solchen begreiflich machen.

*

Wer sich durch eine Satire gekränkt fühlt, benimmt sich nicht anders als der zufällige Beischläfer, der am andern Tage daherkommt, um seine Persönlichkeit zu reklamieren. Längst ist ein anderes Beispiel an seine Stelle getreten, und wo schon ein neues Vergessen beginnt, erscheint jener mit der Erinnerung und wird eifersüchtig. Er ist imstande, die Frau zu kompromittieren.

*

Alle sind von mir beleidigt, nicht einzelne. Und was die Liebe betrifft, sollen alle rabiat werden und nicht die, die betrogen wurden.

*

Was mir und jedem Schätzer von Distanzen einen tätlichen Überfall auf mich peinlich macht, ist die Verstofflichung der Satire, die er bedeutet. Anstatt dankbar zu sein, reïnkarniert sich das, was mir mit Mühe zu vergeistigen gelang, wieder zu leiblichster Stofflichkeit, und der dürftige Anlaß schiebt sich vor, damit mein Werk nur ja auf ihn reduziert bleibe. Darum müßte mich in einer Gesellschaft, der es an Respekt fehlt, ein Spazierstock schützen, in welchem ein Degen steckt. Mir fehlt es nicht an Respekt vor den kleinen Leuten, die mich zu etwas anregen, was ihnen längst nicht mehr gilt, wenn's fertig ist. Ich nehme jede nur mögliche Rücksicht. Denn lähmte mich nicht die Furcht, mit ihnen zusammengespannt zu werden, so würde ich sie doch selbst überfallen. Was mir nicht nur Genuß, sondern auch Erleichterung der satirischen Mühe brächte. Anbinden — mit jedem! Aber nur an keinen angebunden werden!

*

Man muß dazu gelangen, die erschlagen zu wollen, die man nicht mehr verarbeiten kann, und im weiteren Verlauf sich von denen erschlagen zu lassen, von denen man nicht mehr verstanden wird.

*

Meine Angriffe sind so unpopulär, daß erst die Schurken, die da kommen werden, mich verstehen werden.

*

Das Verständnis meiner Arbeit ist erschwert durch die Kenntnis meines Stoffes. Daß das, was da ist, erst erfunden werden muß und daß es sich lohnt, es zu erfinden, sehen sie nicht ein. Und auch nicht, daß ein Satiriker, dem die Personen so vorhanden sind, als hätte er sie erfunden, mehr Kraft braucht, als der, der die Personen so erfindet, als wären sie vorhanden.

*

Dieser Wettlauf mit den unaufhörlichen Anlässen! Und dieser ewige Distanzlauf vom Anlaß zur Kunst! Keuchend am Ziel — zurückgezerrt zum Start, der sich erreicht fühlt.

*

Man kennt meine Anlässe persönlich. Darum glaubt man, es sei mit meiner Kunst nicht weit her.

*

Ein alter Idiotenglaube räumt dem »Satiriker« das Recht ein, die Schwächen des Starken zu geißeln. Nun ist aber die schwächste Schwäche des Starken noch immer stärker als die stärkste Stärke des Schwachen, und darum ist der Satiriker, der auf der Höhe jener Auffassung steht, ein schmieriges Subjekt und seine Duldung ein rechtes Stigma der Gesellschaft. Aus dem infamen Bedürfnis der Gesellschaft, die Persönlichkeiten als ihresgleichen zu behandeln und durch deren Herabsetzung auf das eigene Niveau sich über dessen Niedrigkeit zu beruhigen, sind die Witzblätter entstanden. Alle Glatzköpfe glänzen, weil Bismarck auch nicht mehr als drei Haare hatte. Diese lästige Bosheit, aus der das Witzblatt dem Rachebedürfnis der Gesellschaft beispringt, nennt sie »harmlos«. Verabscheut aber den

Positiven, der eine entgötterte Welt in Trümmer
schlägt. Ahnt nicht, daß der Satiriker einer ist,
der nur die Schwächen der Schwachen geißelt und
die der Starken nicht sieht, weil es solche nicht gibt,
und wenn es sie gäbe, sie ehrfürchtig bedeckte.
Satire ist für die Leute etwas, was einer im Nebenamt
betreiben kann, zum Beispiel, wenn er öffentlich
Offizier ist und heimlich Humor hat. Echter ist
wohl, öffentlich Satire zu üben und ein heimlicher
Krieger zu sein. Denn Satire ist in Wahrheit nur
mit einer Funktion: mit der des Mannes vereinbar,
ja sie scheint sie geradezu zu bedingen. Daß der
Satiriker ein Mann ist, beweist allein schon die
satirische Zudringlichkeit, deren er sich selbst zu
erwehren hat. Der Satiriker versteht nämlich keinen
Spaß. Macht er aber das Insekt, das es auf seine
»Schwächen« abgesehen hat, kaputt, so wundern
sich alle und fragen, ja warum denn, und sagen,
daß einer, der doch selbst Satiriker sei, es sich auch
gefallen lassen müsse, daß ein anderer — und so weiter
in infinitum der menschlichen Banalität.

*

Polemik ist Mut, Verrat oder Feigheit. Entweder
es geht einer gegen die vielen los oder einer von
den vielen gegen die vielen oder einer von den
vielen gegen den einen. So mutig der Starke ist,
der den Schwachen, so feig ist der Schwache, der
den Starken angreift. Denn der Schwache hat
hinter sich eine Armee von Schwachen. Kehrt er
sich, aufgehetzt von einem mißverstandenen Vorbild,
gegen seinesgleichen, so wird er zum Verräter.

Alle Freibeuter der modernen Meinung handeln so schimpflich. Es sind Spießbürger, die aus der Reihe treten.

*

Ich mache kleine Leute durch meine Satire so groß, daß sie nachher würdige Objekte für meine Satire sind und mir kein Mensch mehr einen Vorwurf machen kann.

*

Die Leute, die mir die irdischen Anlässe vorwerfen, dürften die Astronomie für eine kosmische Angelegenheit halten.

*

Es gibt Leute, die sich schlechter als es notwendig ist benehmen, damit mir übel werde, ehe ich sie angreife. Doch sie geben sich einer falschen Hoffnung hin, da sie zwar jenes bewirken, aber dieses nicht verhindern können. So unappetitlich kann gar keiner sein, daß ich ihn nicht angreife.

*

Ich bin schon so populär, daß einer, der mich beschimpft, populärer wird als ich.

*

Welch ein Rinnsal braust an meinem Riff! Und solche Brandung beweist mich. Die Leistung könnte nicht für sich selbst sprechen — dazu ist nicht die Zeit. Erst im Lärm der andern macht sie sich vernehmlich.

*

Nichts ist scheußlicher als mein Ich im Spiegel der Hysterie. Nichts ist gemeiner als mein Stil in der Hand des andern. Mich nachahmen heißt mich strafen.

*

Ich habe zweierlei Verehrung erfahren. Solche, deren letzter Schluß lautet: Ich kann es nicht, er tuts für mich. Und solche, deren letzter Schluß lautet: Ich könnte es auch, er tuts an meiner Stelle.

*

Tadler und Lober sind unerwünschte Zeugen. Die am Ufer stecken ihre Füße ins Wasser, um zu beweisen, daß es schmutzig sei. Die am Ufer nehmen eine hohle Hand voll, um die Schönheit des Elements darzutun.

*

Vor jedem Kunstgenuß stehe die Warnung: Das Publikum wird ersucht, die ausgestellten Gegenstände nur anzusehen, nicht zu begreifen.

*

Wenn der Leser den Autor fragt, was er sich dabei gedacht habe, so beweist das nichts gegen den Gedanken. Aber er ist sicher gut, wenn der Autor es nicht mehr weiß und den Leser fragt, was er sich dabei gedacht habe.

*

Logik ist die Feindin der Kunst. Aber Kunst darf nicht die Feindin der Logik sein. Logik muß der Kunst einmal geschmeckt haben und von ihr vollständig verdaut worden sein. Um zu behaupten, daß zweimal zwei fünf ist, hat man zu wissen, daß zweimal zwei vier ist. Wer freilich nur dieses weiß, wird sagen, jenes sei falsch.

*

Zwischen den Zeilen kann höchstens ein Sinn verborgen sein. Zwischen den Worten ist Platz für mehr: für den Gedanken.

*

Daß die Sprache den Gedanken nicht bekleidet, sondern der Gedanke in die Sprache hineinwächst, das wird der bescheidene Schöpfer den frechen Schneidern nie weismachen können.

*

Ich beherrsche nur die Sprache der andern. Die meinige macht mit mir, was sie will.

*

Wenn ich der Vollendung nahe bin, beginne ich erst zu zweifeln und da brauche ich dann einen, dem ich alle meine Fragen beantworte.

*

In keiner Sprache kann man sich so schwer verständigen wie in der Sprache.

*

Jeder Satz müßte so oft gelesen werden, als Korrekturen sein Wachstum von der Handschrift bis zur Lektüre begleitet haben. Doch um dem

Leser zu ersparen, was ihm über Kraft und Glauben geht, möchte ich jeden Satz in den zehn Verwandlungen erscheinen lassen, damit das Ganze endlich immer noch weniger gelesen als verstanden werde. Dies wäre ein in der Literatur seltener Fall. Es könnte aber von einem Nutzen sein, der den Schaden eines Jahrhunderts leicht kapierter Meinung und Unterhaltung aufwiegt.

*

Wenn ich nicht weiter komme, bin ich an die Sprachwand gestoßen. Dann ziehe ich mich mit blutigem Kopf zurück. Und möchte weiter.

*

Meine Hilflosigkeit wächst mit der Vollendung des Geschriebenen. Je näher ich an das Wort herantrete, desto mehr blutet es wie der Leichnam vor dem Mörder. Dieses Bahrgericht erspare ich mir nicht, und bedecke die Ränder einer Korrektur, der fünfzehn sorglose voraufgegangen sein mögen, mit Zeichen, die wie Wundmale sind. Ich habe immer mindestens zwei Wege, und es wäre am besten, beide und alle zu gehen. Ich werde es wohl auch noch über mich bringen, den Satz in verschiedenen Fassungen hinzusetzen, zum Nutzen des Lesers, der so gezwungen wird, einen Satz einige Male zu lesen, und zur weitesten Entfernung von jenen, die nur nach der Meinung schnappen. Bis dahin muß ich die Verantwortung für den besten von allen guten Wegen immer dem überlassen, den ich frage. Seine mechanische Entscheidung würde mir genügen, aber da ich ihm aus ähnlicher Lage viel besser helfen könnte als er mir, so mache ichs uns nicht so einfach und stürze ihn so tief in den Abgrund meiner Zweifel, daß ich an seinem Zustand sicher werde, ihn rette und so auch mich.

*

Kein Mensch, der eine meiner gedruckten Arbeiten absucht, wird eine Naht erkennen. Und doch war alles hundertmal aufgerissen, und aus einer Seite, die in Druck ging, mußten sieben werden. Am Ende, wenns ein Ende gibt, ist die Gliederung so einleuchtend, daß man die Klitterung nicht sieht und an sie nicht glaubt. Schreiber, die ohnedies alles im Kopf haben und beim Schreiben nur mit der Hand beteiligt sind, sind ruchlose Manipulanten, mit denen ich nichts außer dem Alphabet gemeinsam habe, und auch das nur widerstrebend. Sie essen nicht, sondern sie halten schon weiter, weil sie ohnedies alles im Bauch haben.

*

Der Journalist hat das Wort bei der Hand. Ich bin oft in Verlegenheit. Hätt' ich nur einen Journalisten bei der Hand! Ich nähm' ihm das Wort aus der Hand und gäb' ihm dafür einen Schlag auf die Hand.

*

Und pflanzt' es wieder am stillen Ort, nun zweigt es immer und blüht so fort.

*

Er wollt' es brechen, da sagt' es fein: Soll ich zum Welken gebrochen sein? Ich grub's mit allen den Würzlein aus ... Aber selbst verwelkt, läßt sich das Wort noch zum Fortblühen bringen.

\*

Das alte Wort gehört allen. Keiner kann es nehmen.

\*

Am Ursprung gibts kein Plagiat.

\*

Die Sprache hat in Wahrheit der, der nicht das Wort, sondern nur den Schimmer hat, aus dem er das Wort ersehnt, erlöst und empfängt.

\*

Dem von der Natur kultivierten Menschen wird das Spracherlebnis umso näher gerückt sein, je weiter er von der Fertigkeit lebt, sich der Sprache als eines Verkehrsmittels zu bedienen. Schlechtes Sprechen auf solcher menschlichen Höhe läßt sprachschöpferischen Kräften Raum. Das Kind und die natürliche Frau teilen mit dem Genie den Vorzug, sich vom Talent in der Fähigkeit des Ausdrucks und der Verständigung beschämen zu lassen. Eine Frau, die auf eine so außerordentliche Art schlecht deutsch sprach, bewies die reinste Anschauung der Wortinhalte, indem sie etwa: Zweige, die abzuschneiden waren, »abzweigen« wollte, einen Brief, den man ihr aufsetzen und niederschreiben sollte, »niedersetzen« ließ, eine Angelegenheit, die verschlechtert wurde und nunmehr Ärger schuf, »verärgert« fand, und eine solche, hinter der man stehen müsse, um sie zu betreiben, zu »hintertreiben« empfahl. Sie erkannte den Zweck des Schöntuns als »Schmeichelleckerei« und sagte von einem Advokaten, der nur mit geringern Streitsachen betraut war, daß er »dazu da sei, die kleinen Metzeleien auszuraufen«. Am Automobil wünschte sie einen »Gleitrutsch« angebracht und die Wahrnehmung, daß bei einer Fahrt eine Wegwende, die nach dem Ort Bremgarten wies, überfahren sei, ließ sie den Namen und die Nötigung, zurückzufahren, schnell in den Ausruf: »Halt, Bremsgarten!« zusammenpacken. Kinder erfassen noch diese wortbildnerische Gelegenheit, erleben die schöne Sprachnähe und Sprechentferntheit; wenn sie nicht zufällig in Berlin geboren sind, wo die Jugend schnell fertig ist mit dem Wort, nachdem sie wie dieses als Fertigware zur Welt gekommen ist.

*

Wenn die Sprache nur ein Gewand ist, so wird sie schäbig oder unmodern. Bis dahin mag man unter Leute gehen. Ein Smoking macht nicht unsterblich, aber beliebt. Doch was haben nur neuestens die jungen Herren an? Eine Sprache, die aus lauter Epitheta besteht! Ein Gewand ohne Stoff, aber ganz aus Knöpfen!

*

Das Hauptwort ist der Kopf, das Zeitwort ist der Fuß, das Beiwort sind die Hände. Die Journalisten schreiben mit den Händen.

*

Der Erzähler unterscheidet sich vom Politiker nur dadurch, daß er Zeit hat. Gemeinsam ist beiden, daß die Zeit sie hat.

*

Autoren, die es zuerst erleben und dann beschreiben, sind Berichterstatter, auf die man sich verlassen kann. Dichter erschreiben es nur.

*

Ich hab's noch nicht versucht, aber ich glaube, ich müßte mir erst zureden und dann fest die Augen schließen, um einen Roman zu lesen.

*

Die Phrase ist manchmal doch einer gewissen Plastik fähig. Von einem Buch, das als Reiselektüre empfohlen wurde, hieß es: »Und wer das Buch zu lesen beginnt, liest es in einem Zuge durch«.

*

Den Werken des Dichters Sch. wird ein längeres Leben vorausgesagt als den meinen. Das mag im allgemeinen zutreffen. Nur die eine Schrift, in der ich zum Ableben der Werke des Dichters Sch. beigetragen habe und der sie deshalb ein Fortleben verdanken, wird sich wohl so lange am Leben erhalten wie diese Werke und sie hierauf überleben, was dann vielleicht auch meinen andern Schriften zugute kommen wird, die am Ende den Werken des Dichters Sch. ein längeres Leben verdanken könnten, als diesen selbst vorausgesagt wurde. Ich glaube also, daß wir es uns ganz gut einteilen und keinen Richter nicht brauchen werden.

*

Ein X. sagte geringschätzig, daß von mir nicht mehr bleiben werde als ein paar gute Witze. Das wäre immerhin etwas, aber leider bleibt auch das nicht, weil mir die paar guten Witze längst gestohlen wurden und zwar vom X.

*

Ein Künstler, der Erfolg hat, muß den Kopf nicht hängen lassen. Er soll erst dann an sich verzweifeln, wenn ein Schwindler durchfällt.

*

Nicht jeder, der kein Künstler ist, muß deshalb auch schon Erfolg haben. Man kann auch so zwischen zwei Stühlen sitzen, daß man von dem einen hinuntergestoßen und zu dem andern nicht hinaufgelassen wurde.

*

In mancher Beziehung war die Ähnlichkeit Bahrs mit Goethe auffallend. Wenn man zum Beispiel geglaubt hat, er sei noch in Linz, war er schon längst in Urfahr.

*

Die eigenen Lorbeeren ließen Herrn v. H. nicht schlafen, aber auf fremden ruhte er gern aus.

*

Ich weiß nicht, wie er zur Welt kam. Wenn durch Geburt, so muß eine Zange geholfen haben, und wenn sie half, so war sie aus Amethyst. Zur Amme fand er erst Zutrauen, als er sah, sie sei wie Alabaster.

*

Zwei Sorten hat der deutsche Geist ausgespien: die Tänzerischen und die Nachdenklichen. Für diese ist mehr Heine, für jene mehr Nietzsche verantwortlich. Man wird auch im zweiten Fall dem Vorläufer dahinterkommen.

*

Die Literatur von heute sind Rezepte, die die Kranken schreiben.

*

Die meisten Kritiker schreiben Kritiken, die von den Autoren sind, über die sie die Kritiken schreiben. Das wäre noch nicht das Schlimmste. Aber die meisten Autoren schreiben dann auch die Werke, die von den Kritikern sind, die über sie Kritiken schreiben.

*

Der Scheinmensch kann alles, er kann sündigen und er kann auch bereuen. Aber er wird durch die Sünde nicht schlechter und durch die Reue nicht besser.

*

Der Schmutz verlieh ihm noch Haltbarkeit. Was blieb von ihm, da er sich reinwusch? Ein Schwamm.

*

Manche Talente bewahren ihre Frühreife bis ins späte Alter.

*

Ein Gedicht ist so lange gut, bis man weiß, von wem es ist.

*

Dieser Autor ist so tief, daß ich als Leser lange gebraucht habe, um ihm auf die Oberfläche zu kommen.

*

Die Hemmungslosigkeit eines Peter Altenberg schließt mehr Menschlichkeit auf, als zehn gebundene Jahrgänge der Wiener Literatur zurückhalten.

*

Es wird jetzt viel über Ekstase gesprochen, von solchen, die eben noch um die Vorteile ihres schäbigen Bewußtseins Bescheid wissen. Ich war aber dabei, als Peter Altenberg, dessen hundertfaches Leben sein einfaches Werk ersäuft, vor einer deutsch lallenden Tänzerin ausrief: »Und wie sie deutsch spricht! Alleredelste!! Goethe ist ein Tier gegen Dich!!!« Goethe war einverstanden. Gott selbst stimmte zu. Und wenn sich die lebende deutsche Literatur von der Kraft dieses Augenblicks bedienen könnte, so würden Werke hervorkommen, die noch besser wären als das Deutsch der kleinen Tänzerin. Aber da sie alle als Bettler neben diesem Bettler stehen, der durch alle zeitliche Erniedrigung aufsteigen wird in das Reich des Geistes und der Gnade, so ist jedes Tier ein Goethe gegen sie.

*

Ein Literaturprofessor meinte, daß meine Aphorismen nur die mechanische Umdrehung von Redensarten seien. Das ist ganz zutreffend. Nur hat er den Gedanken nicht erfaßt, der die Mechanik treibt: daß bei der mechanischen Umdrehung der Redensarten mehr herauskommt als bei der mechanischen Wiederholung. Das ist das Geheimnis des Heutzutag, und man muß es erlebt haben. Dabei unterscheidet sich aber die Redensart noch immer zu ihrem Vorteil von einem Literaturprofessor, bei dem nichts herauskommt, wenn ich ihn auf sich beruhen lasse, und wieder nichts, wenn ich ihn mechanisch umdrehe.

*

Der Dichter schreibt Sätze, die kein schöpferischer Schauspieler sprechen kann, und ein schöpferischer Schauspieler spricht Sätze, die kein Dichter schreiben konnte. Die Wortkunst wendet sich an Einen, an den Mann, an den idealen Leser. Die Sprechkunst an viele, an das Weib, an die realen Hörer. Zwei Wirkungsströme, die einander ausschalten. Der jahrhundertalte Wahnsinn, daß der Dichter auf die Bühne gehöre, bleibt dennoch auf dem Repertoire und wird jeden Abend vor ausverkauftem Haus ad absurdum geführt.

*

Ich weiß nicht, ob der Dichter etwas geträumt hat; aber von der Wirkung, die der Schauspieler mit der Umbiegung seines Wortes erzielen kann, hat er sich gewiß nichts träumen lassen. Und solche

Leute sind so schamlos, das Geld einzustecken, das andere gegen sie verdient haben.

*

Wenn der Autor, ein ungeschminkter Zivilist, sich an der Hand des Schauspielers verbeugen kommt, so wird er zum Akteur einer Komödie, die auch nicht von ihm ist.

*

Daß sich ein Autor verbeugt, ist nicht Erniedrigung, sondern Überhebung. Was will das Bleichgesicht nach Schluß auf der Bühne? Aber vorher hatte er dort noch weniger zu tun, und es ist ein Betrug an den Schauspielern, daß man jenem die Tantièmen zahlt.

*

Die Viechsarbeit, neunhundert Menschen, die aus dem Bureau kommen, zur Empfänglichkeit für das Wort zusammenzuschließen, hat nicht das Wort, sondern die Musik zu besorgen. Theaterdirektoren, die das Orchester abschaffen wollen, sollen sich selber hinaufstellen.

*

Es gibt jetzt literarisch beflissene Theaterdirektoren, die den Ehrgeiz haben, intelligente Leute ins Theater zu bekommen. Um die zu einer Wirkung zusammenzuschließen, müßte schon den ganzen Abend das Orchester spielen. Und dann noch die ganze Nacht und überhaupt das ganze Leben hindurch!

*

Wenn sich einer von den neunhundert schneuzt, setzt der Wirkungsstrom aus. Und die Ästhetiker glauben dennoch, daß ein Shakespearescher Gedanke hinüberkommt.

*

Die deutschen Bühnen sollten bei den Naturalisten bleiben. Mit dem in Deutschland naturalisierten Shakespeare ist's nichts.

*

Das Verhältnis der Bühne zum Dichter ist, daß sie eben noch seine szenische Bemerkung realisieren kann.

*

Ich bin vielleicht der erste Fall eines Schreibers, der sein Schreiben zugleich schauspielerisch erlebt. Würde ich darum einem andern Schauspieler meinen Text anvertrauen? Nestroys Geistigkeit ist unbühnenhaft. Der Schauspieler Nestroy wirkte, weil er etwas, was kein Hörer verstanden hätte, so schnell heruntersprach, daß es kein Hörer verstand.

*

Im Halbschlaf erledige ich viel Arbeit. Eine Phrase erscheint, setzt sich auf die Bettkante und spricht mir zu. Die Situation, die sie herbeigerufen hat, ist die denkbar unpassendste. Einer etwa speit und sagt hinterher: »Kommentar überflüssig«. Wenn Gesichter im Raum sind, weiß ich, daß ich schlafen werde. Vorher treiben sie Allotria. Nichts ist ihnen heilig. Sie sprechen und gestikulieren in einer Art, daß mir bald Hören und Sehen vergehen wird.

Einer hat Lippen, von denen ihm beim Sprechen die Bildung herunterrinnt. Und so etwas wagt Goethe zu zitieren. Halb erinnere ich mich, womit ich mich am Schreibtisch beschäftigt habe. Halb an ein Abenteuer in Czernowitz, wo einer beim Kartenverkauf gut abschnitt. Den Widerstand der Zeit gegen die neue Lyrik begriff ich nunmehr in dem Wort, das die Stimme eines alten ehrlichen Juden, dem man nichts beweisen kann, neben mir sagte: »Ich hab gern über allen Gipfeln Ruh«.

\*

O. K. malt bis ins dritte und vierte Geschlecht. Er macht Fleisch zum Gallert, er verhilft dort, wo Gemüt ist, dem Schlangendreck zu seinem Rechte.

\*

Ein Bild, das sich noch vom Betrachter getroffen fühlt.

\*

Das Futurum der Futuristen ist ein Imperfektum exaktum.

\*

Der Wissenschaftler bringt nichts neues. Er erfindet nur, was gebraucht wird. Der Künstler entdeckt, was nicht gebraucht wird. Er bringt das Neue.

\*

Der Ästhet verhält sich zur Schönheit wie der Pornograph zur Liebe und wie der Politiker zum Leben.

\*

Der Ästhet ist der rechte Realpolitiker im Reich der Schönheit.

\*

Die meisten Autoren haben keine andere Qualität als der Leser: Geschmack. Aber der hat den bessern, weil er nicht schreibt, und den besten, wenn er nicht liest.

\*

Die Bildungslüge hat die Entfernung des Publikums von der Wortkunst noch größer gemacht als die von den anderen Künsten, weil es zwar nicht die Farben, die einer malt, klecksen zu können, nicht die Töne, die einer komponiert, pfeifen zu können, wohl aber die Sprache, die einer schreibt, sprechen zu können behauptet. Und doch könnte es, und eben darum, noch eher klecksen und pfeifen. Man lebt so entfernt von der Sprache und glaubt, weil man sprechen kann, sprechen zu können. Der Respekt vor ihr wäre größer, wenn's auch eine Umgangsmalerei und eine Umgangsmusik gäbe, so daß die Leute einander mit Pfeifen oder Klecksen erzählen könnten, was sie heute gegessen haben.

\*

Solange die Malerei nicht den Leuten was malt und die Musik ihnen nicht heimgeigt, halte ichs mit der Literatur; da kann man mit ihnen deutsch reden.

\*

Die liberale Presse hausiert jetzt mit neu aufgefundenen Bemerkungen Lichtenbergs: gegen den

Katholizismus und: »wenn noch ein Messias geboren
würde, so könnte er kaum so viel Gutes stiften, als
die Buchdruckerei«. Um sich aber mit Fug auf
Lichtenberg zu berufen, wäre der Beweis nötig, daß
er auch nach 125 Jahren noch derselben Ansicht ist.
Wäre er's, er wäre nicht derselbe Mann. Den wahren
Segen der Buchdruckerei hat er nicht erlebt. Denn
er hat nicht nur nicht die Presse erlebt, sondern
nicht einmal eine Drucklegung seiner Tagebücher,
deren Tiefe dort, wo sie unverständlich ist, auf
ihrem Grund Druckfehler hat, die die literar-
historischen Tölpel in Ehren halten, weitergeben und
fortpflanzen. Darüber ließen sich ergötzliche Dinge
erzählen, wenn nicht die Wehrlosigkeit des Geistes
vor dem Druck eine so tragische Angelegenheit wäre
wie die Ahnungslosigkeit einer Bildung, welche die
»Freigabe« ihrer Klassiker an das Geschäft der Nachdrucker, diese Vogelfreigabe des Wortes, als einen
Triumph des Fortschritts bejubelt. Was muß aus den
Gedanken Lichtenbergs geworden sein, wenn selbst
Eigennamen, die er niederschreibt, verhunzt wurden,
und in Stellen, deren Nachprüfung den Herausgebern
nicht nur geboten, sondern auch möglich war. Keines
dieser Subjekte aber hat sich auch nur die Mühe
genommen, die von Lichtenberg gepriesene Stelle aus
Jean Paul zu lesen. »Haben Sie wohl die Stelle in dem
‚Kampaner Tal' gelesen, wo Chiaur in einem Luftball
aufsteigt?« Nein, sie haben es nicht getan; sie,
Lichtenbergs bezahlte Herausgeber, haben, was jeder
seiner Leser zu tun verpflichtet ist, unterlassen — denn
sonst hätten sie eine solche Stelle nicht gefunden. Wie
das? Steigt Chiaur nicht auf? Im ganzen Buch nicht.

4*

Wohl aber eine Gione. Die sonderbare Tatsache,
daß Lichtenberg einen Chiaur und Jean Paul eine
Gione aufsteigen läßt, gestattet vielleicht die Rekon-
struierung der Handschrift Lichtenbergs, die ich
nicht gesehen habe:

*Gione*

Es läßt die Möglichkeit zu, daß jedes zweite Wort
verdruckt wurde. Denn die Herausgeber dürften dort,
wo sie nur auf die Handschrift Lichtenbergs und
jeweils auf die vorhergehende fehlerhafte Ausgabe
angewiesen waren, sich kaum findiger gezeigt
haben als dort, wo ihnen ein Vergleich mit dem
Jean Paul'schen Druck möglich war. Und dafür,
daß dieselbe Schande, nur immer in anderer Ein-
teilung und mit anderem Umschlag, wiederholt wird,
zahlen Verleger Honorare, die ein Jahrgehalt der
Lichtenbergschen Professur übersteigen dürften.
Nein, die Erwartung des Messias dürfte — gegen und
für Lichtenberg — dem Glauben an die Buchdruckerei
noch immer vorzuziehen sein. Kaum ein Autor ist
gröblicher mißhandelt worden; nicht nur durch eine
wahllose Zitierung, die den aus Vernunftgläubigkeit,
Laune oder Andacht entstandenen Notizen den gleichen
Bekenntniswert beimißt. Man könnte, wenn eine von
Natur meineidige Presse Lichtenberg zum Eidhelfer
beruft, ihr auch mit dem Gegenteil dienen, und vor
allem mit jenem Gegenteil, zu dem eine Menschlichkeit
seiner Art vor der heutigen Ordnung der Dinge
ausschließlich fähig wäre. Der Liberalismus ist,

wenn alle Stricke reißen, imstande, sich auf Gott zu berufen, der einmal gesehen haben soll, daß es gut war. Aber heute, nach 5673 Jahren, ist er gewiß auch nicht mehr derselben Ansicht. Wäre er's, er wäre nicht derselbe Gott.

*

In mir verbindet sich eine große Fähigkeit zur Psychologie mit der größeren, über einen psychologischen Bestand hinwegzusehen.

*

Künstler ist nur einer, der aus der Lösung ein Rätsel machen kann.

*

Die Sprache tastet wie die Liebe im Dunkel der Welt einem verlorenen Urbild nach. Man macht nicht, man ahnt ein Gedicht.

*

Mir scheint alle Kunst nur Kunst für heute zu sein, wenn sie nicht Kunst gegen heute ist. Sie vertreibt die Zeit — sie vertreibt sie nicht! Der wahre Feind der Zeit ist die Sprache. Sie lebt in unmittelbarer Verständigung mit dem durch die Zeit empörten Geist. Hier kann jene Verschwörung zustandekommen, die Kunst ist. Die Gefälligkeit, die von der Sprache die Worte stiehlt, lebt in der Gnade der Zeit. Kunst kann nur von der Absage kommen. Nur vom Aufschrei, nicht von der Beruhigung. Die Kunst, zum Troste gerufen, verläßt mit einem Fluch das Sterbezimmer der Menschheit. Sie geht durch Hoffnungsloses zur Erfüllung.

# III
# Zeit

Die Ärzte wissen noch nicht, ob es humaner sei, die Leiden des sterbenden Menschen zu verlängern oder zu verkürzen. Ich aber weiß, daß es am humansten ist, die Leiden der sterbenden Menschheit zu verkürzen. Eines der besten Gifte ist das Gefühl der geschlechtlichen Unsicherheit. Es ist vom Stoff der Krankheit bezogen. An welcher Krankheit denn leiden sie? Daß sie sich ihrer Gesundheit schämen. Die Menschheit stirbt heimlich an dem, wovon zu leben sie sich verbietet: am Geschlecht. Hier läßt sich nachhelfen, indem man an das, was sie wie einen Diebstahl ausführen und hinterdrein Liebe nennen, noch etliche Zentner jener Vorstellung einer Zeugenschaft hängt, die das Vergnügen versalzt. Ein Alpdruck, schwerer als das Gewicht der Sünde. Und dies Gift wird die Männer umso gewisser bleich machen, als es für die Konkubinen ein Verschönerungsmittel ist. Es geht nicht länger an, den Frieden denaturierter Bürger ungestört zu lassen, und tausend Casanovas sind Stümper neben dem Gespenst, das ein Gedanke hinter die Gardine schickt. Ist denn solche Vorstellung schlimmer als die, mit der der Anblick der Zufriedenheit unsereinen peinigt? Soll es wirklich noch Augenblicke geben dürfen, in denen ein Wucherer unbewußt wird? Dem Verstande der Gesellschaft, die das heutige Leben innehat, läßt sich mit nichts mehr beikommen. Will man die Heutigen treffen, so muß man warten, bis sie unzurechnungsfähig sind. Nicht im Rausch: denn was hätten sie dabei zu fürchten, und wüßten sie dort Gefahr, so würden sie enthaltsam. Nicht im Schlaf: denn nicht im Traum fällt es ihnen ein, unzurechnungsfähig zu sein. Aber manchmal liegen sie im Bett und wissen von nichts. Da sollen sie es erfahren!

*

An die Achtzigerjahre mit einem kulturellen Heimweh sich erinnern, ist ein Stigma in den Augen der besser entwickelten Jugend. Und doch könnte man mit Recht die Natur selbst als Zeugin gegen die Entartung ins zwanzigste Jahrhundert anrufen und sagen, daß etwa der Frühling in den Achtzigerjahren noch eine Jahreszeit war und nicht bloß ein Tag, den Sonnenglut erschlug. Denn man kann sich auch an einen Frühling erinnern, wie an alles, was die Menschheit nicht mehr hat.

*

Die Verluste an Sinnlichkeit und Phantasie, die Ausfallserscheinungen der Menschheit, sind kinodramatisch.

*

Die Technik ist ein Dienstbote, der nebenan so geräuschvoll Ordnung macht, daß die Herrschaft nicht Musik machen kann.

*

In keiner Zeit war das Bedürfnis so elementar wie in der heutigen, sich für das Genie zu entschädigen.

*

Das sind die wahren Wunder der Technik, daß sie das, wofür sie entschädigt, auch ehrlich kaputt macht.

*

Was an einem einzigen Tage der letzten fünfzig Jahre gedruckt wurde, hat mehr Macht gegen die Kultur gehabt als sämtliche Werke Goethes für eine solche.

*

Schwarz auf weiß: so hat man jetzt die Lüge.

*

Ich habe eine schwer leserliche Handschrift. Der Setzer muß mich erraten. Einer, der's traf, setzte anstatt »das ist ihnen heilig«: »das ist ihnen Zeitung«.

*

Schmerzlichstes Abbild der Zivilisation: ein Löwe, der die Gefangenschaft gewohnt war und, der Wildnis zurückgegeben, dort auf und ab geht wie vor Gitterstäben.

*

Kultur ist die Pflege der Vernachlässigung einer Naturanlage.

*

Es gibt keine Dankbarkeit vor der Technik. Es hat erfunden zu werden.

*

Wenn ich nur ein Telephon habe, der Wald wird sich finden! Ohne Telephon kann man nur deshalb nicht leben, weil es das Telephon gibt. Ohne Wald wird man nicht leben können, auch wenn's längst keinen Wald mehr geben wird. Dies gilt für die Menschheit. Wer über ihren Idealen lebt, wird doch ein Sklave ihrer Bedürfnisse sein und leichter Ersatz für den Wald als für das Telephon finden. Die Phantasie hat ein Surrogat an der Technik gefunden; die Technik ist ein Surrogat, für das es keines gibt. Die Andern, die nicht den Wald, wohl aber das Telephon in sich haben, werden daran verarmen, daß es außen keine Wälder gibt. Die gibt es nicht, weil es innen und außen Telephone gibt. Aber weil es sie gibt, kann man ohne sie nicht leben. Denn die technischen Dinge hängen mit dem Geist so zusammen, daß eine Leere entsteht, weil sie da sind, und ein Vakuum, wenn sie nicht da sind. Was sich innerhalb der Zeit begibt, ist das unentbehrliche Nichts.

*

Adolf Loos und ich, er wörtlich, ich sprachlich, haben nichts weiter getan als gezeigt, daß zwischen einer Urne und einem Nachttopf ein Unterschied ist und daß in diesem Unterschied erst die Kultur Spielraum hat. Die andern aber, die Positiven, teilen sich in solche, die die Urne als Nachttopf, und die den Nachttopf als Urne gebrauchen.

*

Kein Zweifel, der Lazzaroni steht über dem Verwaltungsrat. Jener stiehlt ehrlich, was er zum

Leben braucht, dann pfeift er sich was. Solches Betragen liegt dem Verwaltungsrat fern. Der Lazzaroni stört mich durch sein Pfeifen. Aber meine Nervosität hat der Verwaltungsrat durch sein Dasein verschuldet.

*

Frische muß erfrischen. Es gibt eine Frische, die ermüdet. Es gibt muntere Seemannsnaturelle, die immer dann wie eine Brise hereinwehen, wenn man gerade das Denken der Abhärtung vorzieht, und die einem, der gern schweigt, ein Leck in den Bauch reden. Immer wollen sie einen untertauchen. Allen tuts nicht gut. Dem Rheumatiker nicht und nicht dem Philosophen. Man ist gerade auch kein Weichling; aber wer ohnedies auf Festland steht, muß sich nicht zur Seekrankheit überreden lassen.

*

Nichts ist verdrießlicher für den Lebemann, als um fünf Uhr früh auf dem Heimweg einem ausrückenden Touristen zu begegnen. Nun gibt es aber auch Menschen, die bei Nacht denken, und solche, die zu jeder Tagesstunde schon munter sind. Es ist nicht der richtige Humor. Seitdem mir einst ein Coupégenosse nach einstündigem Schlaf »Auf, auf!« zurief, habe ich eine Aversion gegen die muntern Naturburschen. Ich glaube, ich könnte sie, wenn sie mich nur noch eine Weile schlafen ließen, mit dem kleinen Finger umwerfen.

*

»Nicht wahr, Sie sind der Herr Karl Kraus?« fragte mich ein Coupégenosse, der meine Wehrlosigkeit überschätzt hatte. Ich sagte: »Nein.« Womit ich's allerdings zugegeben habe. Denn wäre ich ein anderer gewesen, so hätte ich mich ja mit dem Trottel in ein Gespräch eingelassen.

*

Was haben Sie gegen den X.? Fragen in der Regel solche, die vom X. was haben.

*

Wir leben in einer Übergangszeit von oben nach unten. Die Ware vermitteln die Zwischenhändler, das Wissen die Zwischenträger und die Wollust die Zwischenstufen.

*

Die Rache der Molluske am Mann, des Händlers am Helden, des Shaw an Shakespeare, des Ghetto an Gott macht jenen rapiden Fortschritt, gegen den aufzutreten rückschrittlich heißt.

*

Wenn Herr Shaw Shakespeare angreift, so handelt er in berechtigter Notwehr.

*

Impotenz ist: das Geheimnis der Zeugung ergründen wollen. Das kann sie noch weniger und möchte es noch mehr. Damit habe ich das Geheimnis der Impotenz ergründet.

*

Der Analytiker macht Staub aus dem Menschen.

\*

Vor dem Heiligtum, in dem ein Künstler träumt, stehen jetzt schmutzige Stiefel. Die gehören dem Psychologen, der drin wie zuhause ist.

\*

»Gottvoll« ist in mancher Gegend ein Superlativ von »komisch«. Ein Berliner, der eine Moschee betrat, fand diese gottvoll.

\*

Es gibt eine Lebensart, die so tüchtig ist, daß sie jede Bahnstation in einen Knotenpunkt verwandelt.

\*

»Wer sein Geld liebt, aber auch sein Vaterland, muß möglichst viel Kriegsanleihe zeichnen.« Dort geht der dicke X., von dem man allerlei unsaubere Geschichten erzählt. Was denn zum Beispiel? Nun, er soll auch sein Vaterland lieben.

\*

Am Opfertod eines japanischen Generals haben hunderttausend abendländische Kulis Honorar verdient. Teils durch Kopfschütteln, teils durch Anerkennung. Ein ebenbürtiger Beweis publizistischer Gefolgschaft wäre nur durch jenen Zeitungsartikel erbracht worden, dem man die Fähigkeit des Verfassers abzulesen vermocht hätte, unter Umständen das zu tun, worüber er schreibt. Die

abendländische Kultur hatte einen solchen Zeitungsartikel nicht aufzuweisen. Daß sie zum Opfertod
nicht fähig ist, glaubt man ihr. Aber daß sie dazu
verurteilt werden muß, wird man noch einsehen
lernen. Denn ihre Wortführer haben eine Million
an einem Fall verdient, wo honorarloses Schweigen
die geringste Pflicht war. Da jener starb, hatten
diese stumm und mißmutig an die Arbeit zu gehen,
erschrocken über ihr Weiterleben, verwirrt sich dem
Leben überlassend, um zu allem was es gibt Stellung
zu nehmen, nur nicht zu jener Tat.

*

Alle Naturwissenschaft beruht auf der zu-
treffenden Erkenntnis, daß ein Zyklop nur ein Auge
im Kopf hat, aber ein Privatdozent zwei.

*

Zeitgenossen leben aus zweiter Hand in den
Mund.

*

Manche teilen meine Ansichten mit mir. Aber
ich nicht mit ihnen.

*

»Sie tun ihm Unrecht. Er ist in allem Ihrer
Meinung!« »Nur nicht darin, daß ich ihn für einen
Esel halte.«

*

Wenn einer alle meine Ansichten hat, so dürfte
die Addition noch immer kein Ganzes ergeben. Wenn
ich selbst keine einzige meiner Ansichten hätte, so

wäre ich immer noch mehr als ein anderer, der alle meine Ansichten hat.

\*

Der Liberalismus beruft immer, wenn einer der Seinen stirbt, das Schicksal Grillparzers und beschuldigt Österreich. Als ob heute der Dichter am Staat und nicht an der Welt litte. Und als ob Grillparzer, wäre er heute gestorben, sich durch Lieferung von Feuilletons für die vaterländische Unbill entschädigt hätte.

\*

Der Bibliophile hat annähernd dieselbe Beziehung zur Literatur wie der Briefmarkensammler zur Geographie.

\*

Die Schule ohne Noten muß einer ausgeheckt haben, der von alkoholfreiem Wein betrunken war.

\*

Was ist denn das nur, daß die Zeit sich einbildet, die Entwicklung habe es auf sie abgesehen gehabt und ihr zuliebe müßten nun Leben und Schule auf den Kopf gestellt werden? Die Daseinsbedingungen, die das Entstehen von Leuten wie Goethe, Jean Paul und Herder nicht gehindert haben, werden verworfen, wenn der Sohn eines Kommerzial-rats herangebildet werden soll, um dereinst die Firma zu übernehmen, und ein Geschlecht von Kröten spottet der Mühsal, durch die einst die Genies hindurchmußten. Was einen immer wieder verwundert, ist die Atonie dieser Zeit, die sich

keinen Augenblick bewußt wird, daß all die gott-
losen Erleichterungen, die ihr gegönnt sind, nichts
als eine Entschädigung bedeuten. Sie scheint sich
bei der Henkermahlzeit besoffen zu haben.

*

Jetzt haben die Kinder in dem Alter, in welchem
sie ehedem die Masern hatten, Symphonien. Ich
glaube nicht, daß sie davonkommen werden.

*

Alle Stände neigen zum Fall. Aber wenn ein
Bürger verkommt, so besteht Aussicht, daß aus ihm
noch etwas wird, während, wenn ein Aristokrat auf
dem Weg ist, ein nützliches Mitglied der menschlichen Gesellschaft zu werden, der Familienrat
zusammentreten sollte.

*

Aristokraten, die Schlepper für Großindustrielle
sind, sollten von ihren Kammerdienern geohrfeigt
werden dürfen.

*

Was hat man denn nur gegen die Konvikte!
Ist es denn schöner, das Zusammenleben im Pferch
der Freiheit, wo die jungen Leute mutuelle Psychologie treiben?

*

Eine Wissenschaft, die vom Geschlecht so wenig
weiß wie von der Kunst, verbreitet das Gerücht,
daß im Kunstwerk die Sexualität des Künstlers
»sublimiert« werde. Eine saubere Bestimmung der
Kunst, das Bordell zu ersparen! Da ist es doch eine
viel feinere Bestimmung des Bordells, die Sublimierung

durch ein Kunstwerk zu ersparen. Wie bedenklich das von den Künstlern geübte Verfahren, abgesehen von seiner Weitschweifigkeit, in seiner Wirkung auf die Empfangenden bleibt, beweist gerade der Fall des bedeutenden Tonkünstlers, der von jener Wissenschaft gern als Beispiel gelungener Sublimierung herangezogen wird. Die Hörer seiner Musik fühlen sich von der darin sublimierten Sexualität dermaßen angeregt, daß ihnen oft kein anderer Ausweg als jener bleibt, den der Künstler gemieden hat, es wäre denn, daß sie selbst imstande sind, rechtzeitig eine Sublimierung vorzunehmen. Hätte der Künstler den einfacheren Weg gewählt, so wäre diese Wirkung den Hörern erspart geblieben. So geschieht es, daß durch die üble Gewohnheit der Künstler, die Sexualität zu sublimieren, diese erst frei wird und daß eine Angelegenheit, die so recht eine Privatangelegenheit des Künstlers zu bleiben hätte, zu einem öffentlichen Skandal ausartet.

*

Ein Psycholog weiß um die Entstehung des »Fliegenden Holländers« Bescheid: »aus einer Kinderphantasie Richard Wagners, die dem Größenwunsch des Knaben entsprang, es seinem Vater gleich zu tun, sich an Stelle des Vaters zu setzen, groß zu sein wie er. . . .« Da aber nach den Versicherungen der Psychologen dies der seelische Habitus aller Knaben ist — ganz abgesehen von der erotischen Eifersucht und den Inzestgedanken, die das Kind mit der Muttermilch einsaugt und die nur bei Soxhlet nicht die Oberhand behalten —, so müßte die Psychologie bloß noch die eine Frage beantworten:

welche spezifischen Anlagen oder Eindrücke bei
Wagner die Entstehung des »Fliegenden Holländers«
vorbereitet haben. Denn Wagner ist von allen
Geschlechtsgenossen der einzige, dem die Autorschaft
des »Fliegenden Holländers« zugeschrieben werden
kann, während die meisten andern dem Größenwunsch,
es dem Vater gleich zu tun, eine Karriere als Börseaner,
Advokaten, Tramwaykondukteure oder Musikkritiker
verdanken, und nur die, die davon geträumt haben,
Heroen zu werden, Psychologen geworden sind.

*

Der Wille der Psychoanalyse ist: die Unkraft
von dem Punkt, wohin der Künstler gekommen ist,
den Weg zurückzuführen bis zu dem Punkt, von wo
er nach analytischem Dafürhalten ausgegangen sein
muß: bis zum Abort. Die Aussicht ist lohnend, aber
die Partie ist kostspielig. Man fährt mit dem Retour-
billett der Phantasie. Ist der Schwache dort angelangt,
von wo der Starke hergekommen ist, so darf er
sich selbständig machen. Er darf mit besseren
Chancen weiter onanieren, seitdem er gehört hat,
daß Goethes Zauberlehrling aus diesem Punkte zu
kurieren sei. Solche Beruhigung hat viel für sich,
aber der Außenstehende weiß nicht, was gemeiner
ist: die Reduzierung des Kunstwerkes auf den
physiologischen Rest oder die Reduzierung der Erotik
auf das pathologische Maß. Denn die Wissenschaftler wissen nur eines nicht: daß von allem,
was das Geschlecht angeht, und selbst von der
Onanie das si duo faciunt idem gilt. Und daß die
Kunst in jedem Falle non est idem.

*

Den Weg zurück ins Kinderland möchte ich, nach reiflicher Überlegung, doch lieber mit Jean Paul als mit S. Freud machen.

*

Der Psychoanalytiker ist ein Beichtvater, den es gelüstet, auch die Sünden der Väter abzuhören.

*

Die Psychoanalytiker ahnden die Sünden der Väter bis ins dritte Geschlecht, indem sie dieses heilen wollen.

*

Ich bin der Rationalist jenes Wunderglaubens, den sich die Psychoanalyse teuer bezahlen läßt.

*

Was hat denn diese neue Jugend für einen Lehrmeister der Liebe? Einst gab's Schutzmittel; jetzt soll sie hemmungslos leben. Es scheint, daß sie den Sigi Ernst mit dem Sigi Freud überwunden hat.

*

Analyse ist der Hang des Schnorrers, das Zustandekommen von Reichtümern zu erklären. Immer ist das, was er nicht besitzt, durch Schwindel erworben. Der andere hat's nur; er aber ist zum Glück eingeweiht.

*

Das Unterbewußtsein scheint nach den neuesten Forschungen so eine Art Ghetto der Gedanken zu sein. Viele haben jetzt Heimweh.

*

Der Handelsgeist soll sich im Pferch der Juden-
gasse entwickelt haben. In der Freiheit treiben sie
Psychologie. Sie scheint aber wie ein Heimweh jenes
enge Zusammenleben zurückzurufen, unter dem die
Ansprache zur Betastung wird. Was nun vollends
eine Verbindung von Handelsgeist und Psychologie
für Wunder wirken kann, sehen wir alle Tage.

*

Das Unbewußte zu erklären, ist eine schöne
Aufgabe für das Bewußtsein. Das Unbewußte gibt
sich keine Mühe und bringt es höchstens fertig,
das Bewußtsein zu verwirren.

*

Die Nervenärzte haben es jetzt mit den
Dichtern zu schaffen, die nach ihrem Tode in die
Ordination kommen. Es geschieht ihnen insofern
recht, als sie tatsächlich nicht imstande waren, die
Menschheit auf einen Stand zu bringen, der die
Entstehung von Nervenärzten ausschließt.

*

Psychologie ist der Omnibus, der ein Luftschiff
begleitet.

*

Man sagt mir oft, daß manches, was ich
gefunden habe, ohne es zu suchen, wahr sein
müsse, weil es auch F. gesucht und gefunden habe.
Solche Wahrheit wäre wohl ein trostloses Wertmaß.
Denn nur dem, der sucht, ist das Ziel wichtig.
Dem, der findet, aber der Weg. Die beiden treffen

sich nicht. Der eine geht schneller, als der andere
zum Ziel kommt. Irgendetwas ist ihnen gemeinsam.
Aber der Prophet ist immer da und verkündet den
apokalyptischen Reiter.

*

Euer Bewußtes dürfte mit meinem Unbewußten
nicht viel anfangen können. Aber auf mein Unbewußtes vertraue ich blind, es wird mit eurem
Bewußten schon fertig.

*

Psychoanalyse: Ein Kaninchen, das von der
Boa constrictor geschluckt wird, wollte nur unter-
suchen, wie's drin aussehe.

*

Psychoanalyse ist mehr eine Leidenschaft
als eine Wissenschaft: weil ihr die ruhige Hand
bei der Untersuchung fehlt, ja weil dieser Mangel
die einzige Fähigkeit zur Psychoanalyse ausmacht.
Der Psychoanalytiker liebt und haßt sein Objekt,
neidet ihm Freiheit oder Kraft und führt diese auf
seine eigenen Defekte zurück. Er analysiert nur,
weil er selbst aus Teilen besteht, die keine Synthese
ergeben. Er meint, der Künstler sublimiere ein
Gebreste, weil er selbst es noch hat. Psychoanalyse ist ein Racheakt, durch den die Inferiorität
sich Haltung, wenn nicht Überlegenheit verschafft
und die Disharmonie aufs gleiche zu kommen sucht.
Arzt sein ist mehr als Patient sein und darum sucht
heute jeder Flachkopf jedes Genie zu behandeln.
Die Krankheit ist hier das, was dem Arzte fehlt.
Wie er sich immer anstelle, er wird zur Erklärung

des Genies nichts weiter vorbringen, als den Beweis, daß er es nicht hat. Da aber das Genie eine Erklärung nicht braucht und eine, die die Mittelmäßigkeit gegen das Genie verteidigt, vom Übel ist, so bleibt der Psychoanalyse nur eine einzige Rechtfertigung ihres Daseins: sie läßt sich mit genauer Not zur Entlarvung der Psychoanalyse anwenden.

*

Krank sind die meisten. Aber nur wenige wissen, daß sie sich etwas darauf einbilden können. Das sind die Psychoanalytiker.

*

Psychoanalyse ist jene Geisteskrankheit, für deren Therapie sie sich hält.

*

Man kehrt nur dann vor fremder Bewußtseinsschwelle, wenn man's zuhause schmutzig hat.

*

Wie der Schelm ist, so denkt der Psycholog.

*

Ein guter Psycholog ist imstande, dich ohneweiters in seine Lage zu versetzen.

*

Infantile, die seit damals nur das Beten verlernt haben, werden von Analytikern ins Gebet genommen. Am Ende können sie wieder beten: Erlöse uns von der Analyse!

*

Eröffnung am Schluß einer psychoanalytischen Kur: Ja, S i e können ja nicht geheilt werden. Sie sind ja krank!

*

Mein Bewußtsein hat einen Hausknecht, der immer acht gibt, daß kein ungebetener Gast über die Schwelle komme. Psychoanalytiker haben auch unter ihr nichts zu suchen. Erwischt er einen, der ins Archiv will, so führt er ihn in den Empfangsraum, wo ich persönlich ihm mit seiner Diebslaterne ins Gesicht leuchte.

*

Wo man Fremdwörter vermeiden kann, soll man's bekanntlich tun. Da hört man immer von »Psychoanalytikern«. Als ich einmal einen auch zu sehen bekam, fiel mir sofort die glückliche Verdeutschung »Seelenschlieferl« ein.

*

Sie greifen in unsern Traum, als ob es unsere Tasche wäre.

*

Nein, es spukt nicht mehr. Es spuckt.

*

Psychologie ist die stärkere Religion, die selig im Zweifel macht. Indem die Schwäche nicht zur Demut, sondern zur Frechheit bekehrt wird, geht es ihr schon auf Erden gut. Die neue Lehre ist über jeden Glauben erhaben.

*

Was fängt man doch mit dieser Jugend an? Sie ist mißgestalt und reagiert 'nur psychisch. Nichts als Freudknaben.

\*

Was man so Männer nennt, läßt sich jetzt psychoanalytisch auskratzen.

\*

Ich stelle mir vor, daß die jungen Leute Briefe mit meiner Adresse an sich schreiben, und da sie sie nicht erhalten, bei der Post reklamieren.

\*

Viele haben schon meine Eigenschaften. Dadurch kann man sie von mir unterscheiden.

\*

Wenn ich einem Hysteriker nachweise, daß er ein Dieb ist, so wird er zwar das Stehlen nicht aufgeben, aber den Vorwurf des Diebstahls annektieren und gelegentlich mich damit bedenken.

\*

Ich mache sie alle unbewußt. Ich tadelte einen Adjektivkünstler: sogleich rühmte er einem andern Adjektivkünstler einen knappen, von Adjektiven freien Stil nach.

\*

Hysterie macht dem Gesunden das zum Vorwurf, was er haßt: sie selbst.

\*

Die Literaten, die jetzt geboren werden, sind weniger konsistent als ehedem die Gerüchte waren. Ich habe noch Gerüchte gekannt, an denen etwas dran war. Dem, was heute aus Schreibmaschinen zur Menschheit spricht, würde ich nicht über die Gasse trauen.

*

Sie machen alles mit. Der Kommis gegen Gott gibt sich jetzt schon als Kommis Gottes. Ich weiß einen in Prag, den ich, wenn er im Gebet liegt, nicht stören und wenn er auf den »Stufenfolgen, die bis vor Gottes Thron führen«, herumklettert, nicht aufhalten möchte. Denn es besteht Gefahr, daß mich solche Inbrunst nüchtern macht, das Firmament mir als ein Gewölbe erscheint, in das man von der Gasse eintreten kann, und ich eine Stimme höre: »Brod, machen Sie keine Ekstasen, lassen Sie das Ethos liegen und geben Sie herunter die Ewigkeit!«

*

»Gut, daß ich Sie treffe. Sie verkehren nicht mehr mit Kohner?« »Nein, denn ich habe nie mit ihm verkehrt, ich habe ihn nie gesehen, ich weiß nicht, daß er lebt.« »Wie ist denn das möglich, Sie müssen Kohner gekannt haben, Sie erinnern sich vielleicht nur nicht.« »Mein Gedächtnis ist gut, aber der Name ist mir unbekannt, ich hätte mir ihn gemerkt, da ich Kohn kenne, aber auch mit diesem nicht verkehre. Was ist's mit Kohner?« »Er erzählt, er sei mit Ihnen täglich beisammen gewesen, Sie waren intim befreundet, nur einmal widersprach er, da er Ihre Schätzung der Dichterin L. nicht mitmachen konnte. Da haben Sie sich erhoben und ihm gesagt, daß Sie unter solchen Umständen nicht länger mit ihm verkehren können, und haben ihm am nächsten Tag das Abonnementgeld der Fackel zurückschicken lassen. Etwas muß doch an der Geschichte wahr sein!« »Alles. Ich habe oft Abonnementgelder zurückschicken lassen. Das weiß Kohner. Ich schätze die Dichterin L. Damit dürfte Kohner nicht einverstanden sein. Ich habe ihn hinausgeworfen —« »Nun also —« »Aber ich habe ihn nicht gekannt.« »Ich verstehe nicht —« »Die Bekanntschaft bestand im Hinauswurf.« »Wie ist das möglich?« »Kohner nimmt mit Recht an, daß ich ihn hinausgeworfen hätte, wenn ich ihn gekannt hätte. Da ich ihn aber nicht gekannt habe, so will er sich wenigstens den Hinauswurf sichern.« »Warum?« »Weil ihm das nützt.« »Wieso?« »Es ist eine Beziehung in den Augen der Anhänger und es macht bei den Gegnern beliebt.« »Sie haben ihn aber nicht hinausgeworfen?« »Doch, metaphysisch.« »Das verstehe ich nicht.« »Wissen Sie, wie Gerüchte entstehen?« »Nein.« »Genau so entstehen die Menschen meiner Bekanntschaft.«

\*

Früher ging die Krankheit zum Arzt. Jetzt, da er krank ist, schmiert sie sich Druckerschwärze auf.

\*

Das vertrackteste Problem dieser Zeit ist: daß sie Papier hat und, was gedruckt wird, käme es auch aus dem Mastdarm, als Urteil wirkt und als Humor.

\*

Nicht die Gewalttätigkeit, nur die Schwäche macht mich fürchten.

*

Als ich, der nie Psycholog an einem ist, nur an allen, vor einem von der Sorte das Problem erörterte, flüsterte er errötend, auch er fühle sich oft als Weib und welches Mittel ich dagegen wüßte. Ich bereute das Gespräch und gab den Trost, das Bewußtsein um den Zustand sei schon ein Mittel. Später prahlte derselbe, er sei der Mann, mich anzugreifen... Da aber diese Geschichte viele, darunter solche, die ich gar nicht kenne, auf sich beziehen dürften, so versichere ich, daß sie erfunden ist. Von mir erfunden, wie die meisten jungen Leute, die ich, statt sie zu entdecken, nur erfunden habe.

*

Ich schleppe das furchtbare Geheimnis der Zeit mit mir, das meine Erkenntnis auf Kosten meiner Nerven nährt. Nur in Sätzen darf ich verraten, daß alles, was die Gegenwart dem Druck verdankt, die Kultur verschlagener Homosexualität ist. Würde ich meine Erlebnisse der fünfzehn Jahre in einen Zusammenhang zu stellen wagen, sie würden sich vertausendfachen durch den Reiz der Beachtung, der den Einzelfall so üppig macht. Hier weiche ich zurück. Höchste Aktivität, die sich dem Ansturm der passiven Naturen preisgegeben sieht, kann zur Pathologie des Zeitalters sich ihre Gedanken machen, aber nicht ihre Beweise vorbringen. Die im Traum meines Wiener Lebens gefundene Devise »Eine Deichsel im Rücken und Quallen an den Füßen« wird so verständlich. Zwischen den Hindernissen der Mechanik und den Fesseln der Gefühlsverwirrung ging es hindurch. Aber schlimmer, am schlimmsten war diese!

*

Wogegen ich wehrlos bin, das sind Gerüchte, Hysteriker, Fliegen, Schleim und Psychologie. Mit dem Zufall nehme ichs schon auf. Und was die Intriganten anlangt — was die können, habe ich längst verschwitzt.

*

Daß ich gichtisch bin, will ich denen, die an meiner Gesundheit zweifeln, zugeben. Aber daß ich dann auch das kommende Gewitter spüre, das lasse ich mir nicht in Abrede stellen!

*

Seit einigen Jahren ist die Welt schon ganz mondän. Wer nur diese große Entschädigung: zu können, was man nicht ist, in die Welt gebracht hat! Woher haben sie es, die Weiber und die Schreiber?

*

Die Beziehungen, die ich zwischen den Seelen der Menschen, und stäken sie hinter den unähnlichsten Vorwänden, herzustellen vermag, überraschen mich selbst zuweilen. So war es mir ganz geläufig, bei einer Frau, deren Körper, Gang und Haltung geometrischen Anschauungsunterricht gab, immer an einen Mann, der etwas ausgesprochen Zoologisches hatte, zu denken, und umgekehrt. Plötzlich wurde ich mir des Kontrastes bewußt und besann mich

erst, daß beide Feuilletons schrieben, also doch das
Ding gemeinsam hatten, das man Geist nennt. Aber
daß eben solches möglich ist, war das Wunderbare,
und nun hörte ich deutlich, wie beide so grund-
verschiedenen Gestalten, die Libelle und das Flußpferd durch eine und dieselbe Stimme fraternisierten,
so als hätten sie aus urzeitlichem Fett Bruderschaft
getrunken, ohne daß es aber dem einen Teil gut
angeschlagen hat. Diesen schöpferischen Irrtum
retuschierte ich so, daß mir fortan zwar nicht das
Flußpferd als Libelle erschien, wohl aber umgekehrt.

\*

Wenn man mich fragt, von wem ich glaube,
daß er dem Geist näher steht: der Stiefelputzer eines
böhmischen Grafen oder ein neuberliner Literat, so
kann ich nur antworten, daß ich, ehe ich mir von
einem neuberliner Literaten die Stiefel putzen ließe,
ihm lieber mit dem Absatz ins Gesicht treten würde.

\*

Wenn drei unsaubere Analphabeten über mich
im Kaffeehaus abfällig sprechen, so hörts niemand
und man sieht nur, daß die Herrn beim Sprechen
schwarze Fingernägel haben. Schreien sie dabei, so
beschwert man sich beim Kellner. Gehen sie aber in
die nächste Druckerei, um es noch mehr publik zu
machen, daß sie lügen, so ist es ein Urteil, das alle
als Erlösung empfinden, die jenen die Hand nicht
reichen würden und denen wie jenen ich die meine
nicht reiche. Sage ich dann, es seien Geisteskranke,
die sich durch mich beunruhigt fühlen, Vertreter

einer durch die Zeit laufenden Abart von Mann,
Verliebte, die nicht erhört werden konnten und
können, weil ihre Mißbildung Hermes wie Aphrodite
verleugnet, Hosenträger, die für mein Dasein, für
das ihre, für alles, was ist und was sie nicht sind,
Rache nehmen, für die Nichtbeachtung eines Grußes,
eines Manuskriptes, einer Leidenschaft: so mache
ich ihnen »Reklame«. Sage ich nichts, so ist es
»Totschweigen«. Sage ich, daß der Mann mit Recht
schweigt, wenn die häßlichste Weiblichkeit den
verkehrten Ausdruck für ihr Gefühl findet und jede
Abwehr für Entgegenkommen nähme, und daß
Totschweigen nur der Versuch der Schwäche ist,
um den Starken herumzukommen: so ist, was ich sage,
Beachtung. Sage ich auch nur dies, oder daß ich,
um dem fürchterlichen Circulus der Haßliebe zu
entrinnen, nichts sage: so ist es Beachtung. Und
sage ich es in einer dem schäbigen Anlaß entrückten,
allen schäbigen Anlässen der Vergangenheit, Gegenwart und Zukunft angepaßten Form: so ist es
Beachtung. Und sage ich selbst nur, daß Wanzen zwar
treu sind und stinken, aber dennoch so feinfühlig
sind, den »Wanzentod« nicht als persönlichen Angriff,
sondern als Abwehr aufzufassen, so werden sich
Schriftsteller finden, die es als persönlichen Angriff
auffassen, und werden sagen, ich hätte sie beachtet
und, der immer vom Totschweigen spricht, ihre
Namen dabei totgeschwiegen. Nein, es gibt keine
Wehrlosigkeit als die des Starken vor dem Schwachen!
Darum: wäre ich Gesetzgeber, ich würde die
Meinungsfreiheit nicht antasten. Ich würde das
staatsgrundgesetzlich gewährleistete Recht, eine

Meinung — so ziemlich das Wertloseste, was einer haben kann — zu äußern, eine Meinung — die ja auch dann eine Belästigung vorstellt, wenn sie richtig ist — zu verbreiten, ich würde es nicht antasten, dieses Recht. Ich würde die Zwitter sich ausleben lassen. Den literarischen Strich, der wohl das Schmutzigste ist, was im Leben der Großstadt Platz hat, nicht behindern. Die Zucht von intellektuellen Schneppen, die mit etwas Laster und ein paar gestohlenen psychologischen Adjektiven schon begehrenswert sind, gewähren lassen. Aber ich würde die Verantwortlichen verantwortlich machen. Nie einen Redakteur. Immer den Verleger, den Drucker, den Setzer, den Buchbinder, den Briefträger, und vor allem den wahren Rädelsführer, den Leser.

*

Ich kannte einen Mann, der sah aus wie das Gerücht. Das Gerücht ist grau und hat einen jugendlichen Gang, das Gerücht läuft und braucht dennoch zwanzig Jahre, um aus einem Zimmer ins andere zu kommen, wo es Dinge, die sich schon damals nicht ereignet haben, als Neuigkeiten auftischt. Das Gerücht verdichtet eine Hinrichtung, die abgesagt wurde, mit einer Frühgeburt, die nicht stattgefunden hat, pflanzt einen fremden Tonfall in das Mistbeet eigener Erfindung, hat mit eigenen Augen gehört, was niemand gesehen, und mit fremden Ohren gesehen, was niemand gehört hat. Das Gerücht hat eine profunde Stimme und eine hohe Miene. Es hat Phantasie ohne Persönlichkeit. Ist es ruhig, so sieht es aus, als ob das Problem der Entstehung der Septuaginta bereits gelöst wäre. Ist es bewegt, so muß man mit einer neuen Version über den bethlehemitischen Kindermord rechnen. Das Gerücht ist der ältere Stiefbruder der Wissenschaft und ein Schwippschwager der Information. Von den Veden bis zu den Kochbüchern ist ihm nichts Unverbürgtes fremd. Das Gerücht, welches nur tote Schriftsteller liebt, läßt auch den zeitgenössischen Autor gelten, sobald er antiquarisch zu haben ist, weil es dann einen Erstdruck mit einem Zweitdruck verwechseln kann. Das Gerücht hat den Humor, der sich aus der Distanz von den Tatsachen ergibt. Es enttäuscht den, der an Gerüchte glaubt, und spielt dem, der an Gerüchte nicht glaubt, gern einen Possen. Es sagt etwas. Verleumdet's, gehe man mit ihm nicht ins Gericht. Es taugt nicht zum Zeugen, es taugt nicht zum Angeklagten. Es leugnet sich selbst. Es weiß allerlei, es sagt noch mehr, aber es ist nicht verläßlich.

\*

Ein Vielwisser rühmte sich, er übersiedle seine Bibliothek mit Gurten. Sie seien nicht billig, dafür aber habe man sie auch das ganze Leben. Er brauche dreihundert Gurten. Das ist nicht wenig. Und doch, welch handlich Maß. Seht, einer der dreihundert Gurten gebildet ist! Er denkt an der Gurte. Er ist noch nicht einmal ein Freidenker. Ja, er braucht dreihundert Gurten, um nicht unterzusinken.

\*

Der Vielwisser ist oft müde von dem vielen, was er wieder nicht zu denken hatte.

\*

Wenn ein Schwätzer einen Tag lang keinen Hörer hat, wird er heiser.

*

Das Wort Polyhistor muß man schon sehr deutlich schreiben, damit der Setzer nicht Philister setzt. Ist dies aber einmal geschehen, so lasse man es auf sich beruhen, denn es ist noch immer die mildere Fassung. Einmal las man von einem, er sei ein bekannter Philister. Das glaubte man gern, und hielt dann die Berichtigung für einen Druckfehler.

*

Ich kannte einen, der die Bildung in der Westentasche hatte, weil dort mehr Platz war als im Kopf.

*

Bildung ist eine Krücke, mit der der Lahme den Gesunden schlägt, um zu zeigen, daß er auch bei Kräften sei.

*

Zu der Blume mag ich nicht riechen, die unter dem Hauch eines Freidenkers nicht verwelkt.

*

Als ich zum erstenmal von Freidenkern hörte, glaubte ich, es seien Redakteure, die wie die Theaterkarten auch die Gedanken gratis bekommen, wenn sie bei der Direktion einreichen.

*

Es gibt Leute, deren Auge so intelligent ist, als ob sie uns stumm überreden wollten, uns auf der Stelle impfen zu lassen. Sie haben den sozialen Sinn, der einen unter dem Arm faßt, und den Blick, der einem auf die Pusteln sieht. Es sind die Tyrannen des Impfzwanges, der eine unvorhergesehene Folge der Gedankenfreiheit bedeutet. Als Draufgabe scheinen sie einem das Versprechen abzufordern, daß man sich, wenn man sich schon nicht impfen lassen und daher an Blattern sterben wird, nach dem Tod verbrennen lassen werde.

*

Der Liberalismus beklagt die Veräußerlichung des christlichen Gefühls und verpönt das Gepränge. Aber in einer Monstranz von Gold ist mehr Inhalt als in einem Jahrhundert von Aufklärung. Und der Liberalismus beklagt nur, daß er im Angesicht der verlockenden Dinge, die eine Veräußerlichung des christlichen Gefühls bedeuten, es doch nicht und um keinen Preis zu einer Veräußerung des christlichen Gefühls bringen kann.

*

Antisemitismus heißt jene Sinnesart, die etwa den zehnten Teil der Vorwürfe aufbietet und ernst meint, die der Börsenwitz gegen das eigene Blut parat hat.

*

Die Juden leben in einer Inzucht des Humors. Sie dürfen sich untereinander übereinander lustig machen. Aber wehe, wenn sie dabei auseinander kommen!

*

Von allem andern abgesehen und auf den ersten Blick ist der Klerikalismus dem Freidenkertum schon

deshalb vorzuziehen, weil er die Schweinerei der
Vollbärte nicht duldet, die von diesem gefördert wird.
Wozu denn sollte ein Vollbart gut sein als daß ich
mir an ihm die Feder abwische? Auch der Kleriker,
der das Gebot der Keuschheit übertritt und darum
von den Freisinnigen getadelt wird, widersteht
wenigstens der Versuchung, Männlichkeit jenem
obszönen Vorsprung zu verdanken, den die Freisinnigen im Gesicht tragen. Er besteht aber auch
die Probe, ob ein bartloses Gesicht männlich wirke.
Darauf eben kommt es an. Die meisten Berufsträger
würden, wenn man ihnen die Manneszier herunter-
nähme, den Eindruck erwecken, daß die Frauenbewegung soeben zum Siege gelangt sei. Wenn ein
Juristenkongreß, der zugleich mit einem Priester-
kongreß tagt, sich anstandshalber rasieren ließe, dann
würde man wohl merken, wo die besseren Gesichter
sind, und an keinen Leitartikel fürder glauben. Ehe
die Entscheidung fällt, ob die Gesellschaft lebensfähig
sei, wird eine Obduktion der Gesichter vorgenommen
werden müssen. Sie schere sich. Zuerst zum Barbier
und dann zum Henker!

*

Die Männer dieser Zeit lassen sich in zwei
deutlich unterscheidbare Gruppen einteilen: die
Kragenschoner und die Hosenträger.

*

Ich sah einen, der sah aus wie der Standard of
life. Einen andern, der sah wie der sinkende Wohlstand
aus. Der Redakteur verließ das Hotelzimmer des
Herrn Venizelos und sah aus wie der Status quo.

Vorbei ging die Welt, die hatte das Gesicht der besitzenden Klassen und das Gesäß der breiten Schichten.

*

Der Historiker ist nicht immer ein rückwärts gekehrter Prophet, aber der Journalist ist immer einer, der nachher alles vorher gewußt hat.

*

Die ganze Menschheit befindet sich bereits der Presse gegenüber im Zustande des Schauspielers, dem ein unterlassener Gruß schaden könnte. Man wird preßfürchtig geboren.

*

Der Kritik der Zeitungen gelingt es immerhin, auszudrücken, wie der Kritisierte zum Kritiker steht.

*

Der Journalismus ist ein Terminhandel, bei dem das Getreide auch in der Idee nicht vorhanden ist, aber effektives Stroh gedroschen wird.

*

Steht die Kunst tagsüber im Dienste des Kaufmanns, so ist der Abend seiner Erholung an ihr gewidmet. Das ist viel verlangt von der Kunst, aber sie und der Kaufmann schaffen es.

*

Ihr, ihr Götter gehört dem Kaufmann!

*

Die Ostasiaten können ohne Gefahr für ihr kulturelles Fortleben sich auf technische Spielereien einlassen. Diese sind das Nebengeleise des Lebens, auf das wir unsere abgebundene Sexualität gedrängt haben. Dort ist sie festgefahren und wir werden schon sehen, wohin wir kommen und wo wir bleiben. Solange im Leben der Ostasiaten die Hauptsache nicht abgebunden ist, bedeutet ihr Fortschritt nicht die Gefahr des Steckenbleibens.

*

Seitdem sich die Menschheit einen Propeller vorbindet, geht es zurück. Die Luftschraube bewirkt, daß es auch abwärts geht.

*

Die Eignung zum Lesen der Kriegsberichte dürfte bei mancher Nation schon heute die Kriegstauglichkeit ersetzen.

*

Der Erfinder der Buchdruckerkunst ist Gutenberg. Er hieß eigentlich Gänsefleisch. »Er verband sich in Straßburg mit mehreren Genossen zur Ausbeutung gewisser Kenntnisse und Fähigkeiten, die er besaß, wozu sie zum Teil erhebliche Summen einzahlen mußten. Das fortwährende Drängen seiner Genossen, noch in weitere Geheimnisse eingeweiht zu werden, die Tatsache, daß ihnen dies unter neuen Einzahlungen gelang, sowie die weitere Tatsache, daß hierbei eine Presse zur Verwendung kam, lassen uns vermuten, daß G. tatsächlich schon hier die ersten Versuche in seiner großen Entdeckung gemacht hat.«

*

Die Druckerschwärze ist noch nie zu der Verwendung gelangt, für die sie erschaffen ist. Sie gehört nicht ins Hirn, sondern in den Hals jener, die sie falsch verwenden.

# IV
# Wien

Ich glaube, daß wir der Entwicklung der Presse, die neuestens den Ministern »als Dolmetsch der in der Bevölkerung verbreiteten Ansichten unentbehrlich« erscheint, hauptsächlich das eine verdanken: daß ein lebendiger Kaffeesieder uns täglich gegenwärtiger ist als Grillparzer, Schubert und Stifter. Was allerdings auch mit den in der Bevölkerung verbreiteten Ansichten übereinstimmen dürfte.

*

Der Mensch wendet gegen den Hund ein, daß er Dreck sucht. Was noch mehr gegen ihn spricht, ist, daß er den Menschen sucht. Immerhin beweist er seine Höherwertigkeit dadurch, daß er nicht zum »Dreimäderlhaus« läuft.

*

Made in Austria — aha, von altem Käse ist die Rede. Österreich ist gut durch. Aber bald werden die Kellner bedauern, nicht mehr dienen zu können.

*

Die österreichische Überzeugung, daß dir nix g'schehn kann, geht bis zu der Entschlossenheit eines Mannes, der auf Unfall versichert ist und sich deshalb ein Bein bricht.

*

Österreich hat durch seine politischen Blamagen erreicht, daß man in der großen Welt auf Österreich aufmerksam wurde und es endlich einmal nicht mehr mit Australien verwechselt.

\*

Ich bedaure die Sisyphusse, die in der Unterwelt unseres öffentlichen Lebens den Stein des Fremdenverkehrs heben wollen und sich freuen, wenn er ihnen beim Hinabrollen wenigstens die Fremdwörter erschlägt.

\*

Einen Brief absenden heißt in Österreich einen Brief aufgeben.

\*

Der Wiener Volkscharakter hat zwei Triebfedern des Stillstandes, die, scheinbar einander entgegenstrebend, schließlich doch eine Einheit ergeben: Der Schiebidennetean-Wille paart sich mit der Stehtenettafür-Skepsis und es entspringt die Lekmimoasch-Absage.

\*

Dem Kampf gegen das Welsche scheint eine heimliche Sympathie für das Kauderwelsche zugrundezuliegen.

\*

Jeder Wiener steht allein im Weltenraum und bietet sich der Betrachtung. In Berlin ist bloß der Reinhardt eine Individualität und jeder Berliner sein Komparse. Und wenn ich zehn Jahre in Berlin lebte, ich würde an die Wimpern eines Passanten nicht

klimpern können, während man in Wien am ersten
Tag auf ihnen Klavier spielen kann.

\*

In Wien und in Berlin können Aeroplane aufsteigen, da ist weiter nichts Wunderbares. Aber daß
man per Eisenbahn in zwölf Stunden von Grinzing
beim Oranienburger Tor sein kann, das klingt wie
eine Erfindung.

\*

Die Sicherheit in Wien ist schon Garantie: der
Kutscher überfährt den Passanten nicht, weil er ihn
persönlich kennt.

\*

Wiewohl der Kutscher den Passanten persönlich
kennt, kann doch etwas passieren. Man darf nicht
außer acht lassen, daß die Freude des Wiedersehens
jenen verwirren kann.

\*

Die Mission der Ämter ist es, die Erhebungen
zu pflegen, die eben dadurch zu entstehen pflegen.

\*

Es ist nicht gut, daß in einem schlechten Staat
eine Industrie verstaatlicht wird. Denn erstens ist
dann die Ware schlechter, zweitens wird man schlechter
bedient und drittens begeht man dadurch, daß man
dem Lieferanten die Ware an den Schädel wirft, eine
Amtsehrenbeleidigung.

\*

Die meisten Staatsbeamten haben Journaldienst.

\*

Die Zeitung in Deutschland ist immerhin eine Bedürfnisanstalt. Hier suchen sie durch Goldfische von dem eigentlichen Sinn der Verrichtung abzulenken.

*

Natürlich lebe ich immer noch lieber unter dem Betriebspöbel als unter dem Gemütspöbel.

*

»Der Wiener geht nicht unter.« Hoffnung oder Drohung? Vielleicht nur eine Höflichkeit, für »Unkraut verdirbt nicht«.

*

Ich glaube nicht, daß der Wiener ein Kenner von Lyrik ist, wenn er behauptet, eine Mehlspeise sei ein Gedicht, das auf der Zunge zergeht.

*

Die Panik auf einem untergehenden Dampfer, der schon das Notsignal SOS (Rettet unsere Seelen) abgibt, muß ein Kinderspiel sein gegen das Chaos in einem Wiener Restaurant, wenn alles teils essen, teils »zahlen« will, die Mannschaft »nicht mehr dienen« kann, der Kapitän sich händeringend weinenden Familien entwindet, während die Hilferufe »Zahlen!«, von keuchenden Matrosen weitergegeben, verhallend ins Leere, über seinem Kopf zusammenschlagen, zwischen jammernden Kindern, irrenden Müttern der Todesengel, ein unbewegter Grüßer, durch die Reihen geht und im Moment der äußersten Bedrängnis, wo nur noch gurgelnde Laute wie »Hier!« »Bier!« »Wo?«

»Do!« hörbar werden, plötzlich der furchtbare Angst-
ruf zum Himmel dringt: »Soss bittee!«.

*

In Wien habe ich oft eine allgemeine Befriedigung
bemerkt, wenn in einem Lokal ein Engländer sich
schlecht benahm. Da wird Spalier gebildet und überall ist Freude. Ganz nüchtern wird der Osten, wenn
der Westen besoffen ist.

*

Es gibt Leute, die zu grinsen beginnen, wenn
sie mir auf der Straße begegnen, als ob ich mir's
gewünscht hätte, sie zu treffen, und sie, weil sie
schon immer gewußt haben, daß das unangenehm
ist, nun ihre ganze Schadenfreude zusammenrafften.
Auch rufen sie einander, wenn sie zu zweit gehen,
meinen Namen zu, aber auch mir selbst, damit ich
mir's merke. Die Zeitverhältnisse bestärken mich in
der Vermutung, daß es nicht reisende Engländer,
sondern im Gegenteil Angehörige der Zentralstaaten
sind oder vollends, da es auch schwer ist, über
Bodenbach hereinzukommen, Wiener.

*

»Wie kommt es, daß so viele Leute in Wien
noch immer glauben, daß Sie einen Vollbart haben?«
»Das kommt daher, daß ich einmal zufällig neben
einem ging, der einen Vollbart trug, und daß einer,
der mit einem andern vorbeiging, mit dem Finger
zeigte: »Dort geht der Fackelkraus.« »Ist Ihnen die
Verwechslung unangenehm?« »Nein, aber dem
andern.« »Kennen Sie ihn?« »Nein, aber ich bedaure ihn,

er muß Qualen ausstehen.« »Sie sind schadenfroh.«
»Ja, weil ihm recht geschieht. Einem Vollbart
glaubt man's.« »Leben Sie darum besser?« »Gewiß,
weil nur die Hälfte der Bevölkerung mich agnosziert,
während die andere Hälfte an der andern Version
festhält.« »Sie könnten sich vollends Ruhe schaffen,
wenn Sie sich einen Vollbart wachsen ließen.« »Es
wäre gegen meine Überzeugung und überdies würde
es nichts nützen, weil dann die andere Hälfte der
Bevölkerung mich mit dem andern verwechseln würde.«
»Was würden Sie tun, wenn Sie diesen kennen
lernten?« »Ihm den Rat geben, sich rasieren zu
lassen.« »Warum?« »Weil es besser aussieht.« »Dann
wüßte aber die andre Hälfte der Bevölkerung nicht,
woran sie ist!« »Ich würde mir in den Bart lachen.«
»Aber hätten Sie denn einen, weil der andere sich
rasieren läßt?« »Das ist wahr. So würde ich mir ins
Fäustchen lachen.«

*

(Lesestück.) Ich kam in ein Lokal. Alle Tische
waren besetzt. An einem saß nur einer. Ich nahm
Platz. Eine Familie kommt, Vater, Mutter, Tochter.
Die Tochter gibt der Mutter einen Stoß, diese dem
Vater. Der Vater versteht nicht. Die Tochter schreibt
es auf. Der Vater starrt entsetzt meinen Nachbarn
an und nimmt eine Zeitung zur Hand. Mein Nachbar
entfernt sich nach einer Weile. Der Vater sieht
ihm nach und sagt triumphierend: »Justament hab
ich mich nicht geniert und hab vor ihm die Neue
Presse gelesen, zersprungen is er und weg!« Die

Tochter gab der Mutter einen Stoß, diese dem Vater. Der Orkus öffnete sich und ich trat diskret ab.

*

Gibt es eine größere Wehrlosigkeit als die in einem Sperrsitz im Theater? Was tust du nur, wenn vor dir einer sitzt, der dich unaufhörlich grüßt, in der richtigen Annahme, du werdest ihn bemerken? Gut, du erwiderst den Gruß nicht. Aber er versucht's im nächsten Zwischenakt wieder und dreht sich auch während des Spiels öfter nach dir um. Er grüßt so oft, um die Grüße der letzten zwanzig Jahre einzubringen, die er nicht erreicht hat. Wie gern lese ich einem Publikum von solchen im finstern Saal etwas vor. Aber unter ihnen sitzen — da packt mich das Lampenfieber.

*

Wenn ich manche Leute zurückgrüße, so geschieht es nur, um ihnen ihren Gruß zurückzugeben.

*

Ich sehe, wenn ich über die Straße gehe, viele Dummköpfe, bleibe aber ernst. Ja, ich werde immer ernster, je mehr Dummköpfe ich sehe. Dagegen lächeln die Dummköpfe, die mich sehen, wenn sie über die Straße gehen, und da mich ebensoviele Dummköpfe sehen, als ich Dummköpfe sehe, so lächeln viele Dummköpfe, wenn ich über die Straße gehe. Sie bleiben stehen, rufen meinen Namen, zeigen auf mich, damit ich nicht nur sie bemerke, sondern auch wisse, wie ich heiße, und daß ich es bin. Ich kann mich dagegen nicht schützen, weil dieser Vorgang sich in einem

Staate abspielt, der der Meinung ist, daß nur die
Ehre beleidigt werden könne, und der einen Dummkopf ungestraft läßt, aber mich straft, wenn ich ihn
Dummkopf nenne, damit er wisse, wie er heißt und
daß er es ist.

\*

Hast du vom Kahlenberg die Stadt dir nur besehn,
so wirst du, was ich schrieb und was ich bin, verstehn!

# V
# 1915

Jetzt sind alle Gedankengänge Laufgräben.
Meine gar Katakomben.

*

Ein Zauberlehrling scheint die Abwesenheit des
Meisters benützt zu haben. Nur daß es statt Wassers
Blut gibt.

*

Eben jenes Böse, welches das Christentum nicht
bändigen konnte, aufzupeitschen, ist der Druckerschwärze gelungen.

*

In der Entwicklung europäischer Dinge konnte
die Religion nicht weiter: da trat die Presse ein und
führte alles zum Ende. Wahrlich, sie kam der
lückenhaften Menschennatur besser entgegen, ihr zu
schmeicheln, als jene, ihr zu helfen. So vermag die
Presse mehr gegen den Menschen als die Religion
für ihn. Wie groß müßte die Persönlichkeit sein, die
im Betrieb dieses Machtmittels ihrer selbst sicher
bliebe, ein der Menschheit verantwortlicher Redakteur;
wie stark die Menschheit, die ohne Gefahr sich
ihm ganz überantworten könnte! Dies Machtmittel ist
aber das Lebensmittel für eine Horde sittlicher Miß-
geburten, es ist der Unterhalt aller Hinfälligen im
Geiste. Das Wort, das im Anfang war, hören sie nicht,

und so muß die antichristliche Menschheit auf ein neues Machtwort warten.

\*

Die Welt hält Gottseidank noch nicht so weit, daß das Problematische der geistigen Dinge selbstverständlich wird. Das will sie erst durch Kriege erreichen, durch die das Selbstverständliche der leiblichen Dinge problematisch wird. Sie führt einen Kampf gegen das Dasein. Aber eigentlich hat es dazusein, und dann erst wollen wir uns den Problemen zuwenden, nicht, um sie zu lösen, sondern um uns zu sammeln.

\*

Das Kinderspiel »Wir spielen Weltkrieg« ist noch trostloser als der Ernst »Wir spielen Kinderstube«. Es wäre dieser Menschheit zu wünschen, daß ihre Säuglinge mit Erfolg anfangen, einander auszuhungern und den Ammen die Kundschaft abzutreiben.

\*

Es gibt eine Idee, die einst den wahren Weltkrieg in Bewegung setzen wird: Daß Gott den Menschen nicht als Konsumenten und Produzenten erschaffen hat. Daß das Lebensmittel nicht Lebenszweck sei. Daß der Magen dem Kopf nicht über den Kopf wachse. Daß das Leben nicht in der Ausschließlichkeit der Erwerbsinteressen begründet sei. Daß der Mensch in die Zeit gesetzt sei, um Zeit zu haben und nicht mit den Beinen irgendwo eher anzulangen als mit dem Herzen.

\*

Die Chinesen müssen die technischen Errungenschaften der Neuzeit schon in der Vorzeit durch-
gemacht und ihr Leben gerettet haben. Wenn sie
sie wieder brauchen sollten, um sie uns abzugewöhnen,
wird ihnen das Ding wieder nicht über den Geist
wachsen. Asien wird Firlefanz zu moralischem Zwecke
treiben.

*

Im Kampf als solchem, den das Christentum
verdammt, konnte einmal das Gute erlöst und das
Böse im Kämpfer besiegt werden. Ist aber das
Kampfmittel vom Bösen bezogen und der Zweck des
Kampfes wieder nur, im Mittel zu wachsen, so siegt
innen das Böse über das Gute. Wäre nun der
Gegner ein solcher, der eben diesem Streben wider-
strebt, so würde er außen zugrunde gehn, weil er
das Mittel nicht hat, und innen, wenn er, um den
Kampf zu bestehen, es erlangen möchte. Denn die
Zeit ist so geartet, daß man an dem zugrunde geht,
wodurch man siegt oder unterliegt.

*

Dieser Krieg wirkt aus den Verfallsbedingungen
der Zeit. Er ist die eigentliche Realisierung des
Status quo.

*

Was kann durch einen Weltkrieg entschieden
werden? Nicht mehr, als daß das Christentum zu
schwach war, ihn zu verhindern.

*

Das Christentum war zu schwach vor der Rache Jehovahs, seine Verheißung zu dürftig, sein Himmelreich eine so arme Entschädigung, daß die Menschheit sich für dieses Himmelreich im Voraus entschädigen zu müssen glaubte. Die Szene: Ein Freudenhaus, das ein Schlachthaus ist, und im Hintergrund die letzte Kapelle, in der ein einsamer Papst die Hände ringt. Es ist nur ein Bild. Am Monolog vorbei geht die Handlung weiter.

*

Paternoster heißt ein Lift. Bethlehem ist ein Ort in Amerika, wo sich die größte Munitionsfabrik befindet.

*

Die technische Entwicklung wird nur noch ein Problem übrig lassen: die Hinfälligkeit der Menschennatur.

*

Das Gefühl des neudeutschen Menschen, daß er sich selbst keine höhere Bestimmung zuerkennen dürfe als die, eine Präzisionsuhr zu sein, hat eine Redensart gefunden, deren smarte Häßlichkeit durch ihre bündige Wahrheit versöhnt. Man spricht davon, irgendwo sei eine Gesellschaft versammelt gewesen, in der außer Künstlern und Bohemiengs sogar Prinzen bemerkt wurden. Da setzt man denn, damit es nur sicher geglaubt werde, gleich hinzu: »richtiggehende Prinzen«. Adel und Schönheit, Liebe und Kunst, Tag und Traum, Krieg und Friede, Zufall und Schicksal — alles geht richtig. Man muß den Menschen, wenn er einmal erzeugt ist, nur aufziehen,

dann geht er schon von alleine richtig. Eine weitere
Gebrauchsanweisung erübrigt sich . . . Und da wundert
man sich, daß im Instinkt der umgebenden Menschheit etwas gegen ein Verfahren rebelliert, das als
patentierter Instinktersparer den Menschen so weit
gebracht hat, pünktlich dort zu sein, wohin ihn
Gott nicht bestellt hat, und pünktlich dort zu fehlen,
wo Gott so lange vergebens wartet.

*

In einer gewissen Zivilisation muß es auch für
die Seele so etwas wie einen Suppenwürfel geben,
den sie nur ins heiße Wasser zu tun brauchen, um
ein gleicher Art billiges wie bekömmliches Nahrungs-
mittel zu erzielen.

*

Am Ende war ein Wort. Wenn es vor dem
die Ewigkeit nicht schaudert, dann ist dies das
letzte Rätsel, welches ihr die Aufklärung gelassen
hat. Das Wort heißt: Aufmachung. Der Geist, der
kein Geheimnis ungeschoren und keinen Inhalt un-
frisiert ließ, hatte auch seine Offenbarung. Er hat
die geschaffene Welt noch einmal »geschafft« und
sorgte für die entsprechende »Aufmachung«. Nun
ist sie zugemacht.

*

Zwischen der Sprache und dem Krieg läßt sich
etwa dieser Zusammenhang feststellen: daß jene
Sprache, die am meisten zu Phrase und Vorrat erstarrt
ist, auch den Hang und die Bereitschaft erklärt, das
Wesen durch ein Surrogat des Tonfalls zu ersetzen,
mit Überzeugung alles das an sich selbst untadelig

zu finden, was dem andern nur zum Vorwurf gereicht,
mit Entrüstung zu enthüllen, was man auch gern
tut, jeden Zweifel in einem Satzdickicht zu fangen
und jeden Verdacht, als ob nicht alles in Ordnung
wäre, wie einen feindlichen Angriff mühelos abzuweisen. Das ist vorzüglich die Qualität einer Sprache,
die heute jener Fertigware gleicht, welche an den
Mann zu bringen, den Lebensinhalt ihrer Sprecher
ausmacht; sie glänzt wie ein Heiligenschein, und sie
hat nur noch die selbstverständliche Seele des Bieder-
manns, der gar keine Zeit hatte, eine Schlechtigkeit
zu begehen, weil sein Leben nur aufs Geschäft auf-
und draufgeht und wenns nicht gereicht hat, ein
offenes Konto bleibt.

*

Gewiß ist ein Wunder der Entwicklung geschehen.
Wenn nur jetzt auch noch ein Festredner oder ein
Austauschprofessor oder sonst ein Apparat so aufrichtig
wäre, sich das Wort entfahren zu lassen: »Deutsche
Materie hat den Geist bezwungen!«

*

Ich habe einmal im Lärm einer verkehrstollen
Straße den Ausruf gehört: »Weinstube Rosen-
kavalier — lauschigstes Eckchen der Welt!« Über
solche Wahrnehmungen kann die strategisch günstigste
Position schwerlich beruhigen.

*

Für die Kultur eines Volkes dürfte die Anzahl
der Zarathustra-Exemplare, die seine Soldaten im
Tornister führen, schwerlich ein verläßlicher Maßstab

sein. Eher schon der Umstand, daß den Soldaten mehr Zarathustra-Exemplare nachgerühmt werden, als im Felddienst tatsächlich zur Verwendung gelangen, und daß es jene hören wollen, die daheim ihren Zarathustra lesen und ihre Zeitung.

\*

Die deutsche Bildung sollte nicht geleugnet werden. Nur muß man auch wissen, daß sie kein Inhalt ist, sondern ein Schmückedeinheim.

\*

Mit gutem Recht ist in den Betrachtungen über Kultur und Krieg immer davon die Rede, daß die andern die Utilitarier sind. Diese Auffassung entstammt dem deutschen Idealismus, der auch die Nahrungs- und Abführmittel verklärt hat.

\*

Ich kann beweisen, daß es doch das Volk der Dichter und Denker ist. Ich besitze einen Band Klosettpapier, der in Berlin verlegt ist und der auf jedem Blatt ein zur Situation passendes Zitat aus einem Klassiker enthält.

\*

Alles, was fälschlich gegen eine barbarische Kriegführung vorgebracht wird, richtet sich, dem Hasse unbewußt, gegen eine barbarische Friedens- führung.

\*

Gegen den Vorwurf, daß deutsche Soldaten Kindern die Füße abhacken, berufen sich deutsche

Journalisten darauf, daß dieses Volk Luther, Beethoven
und Kant hervorgebracht habe. Aber daran ist es
mindestens so unschuldig wie an den ihm zugeschrie-
benen Greueltaten, und es wäre wirksamer, sich gegen
solche Anschuldigungen auf die Geister zu berufen, die
Deutschland noch künftig hervorbringen will. Wenn wir
so weit halten, daß das Vaterland von seinen Genies keine
anderen Dienste verlangt als von seinen Holzknechten,
und wenn jene durch einen tödlichen Zufall der Gelegenheit überhoben werden können, ihm freiwillig andere
zu leisten, dann entsteht wohl auch keines mehr. Die
Geistestaten der Luther, Beethoven und Kant haben
trotz allem, was die deutsche Bildung davon weiß
und die deutsche Ideologie hineinbezieht, keine
Verbindung mit einem Zustand, aus dem jene
ad personam heute, vielleicht, nur durch den priester-
lichen Beruf, durch Taubheit und durch eine Rückgrat-
verkrümmung befreit wären.

*

Die Pickelhaube ist gebildeter als der Kosak;
aber er lebt nicht so weit von Dostojewski wie sie
von Goethe.

*

Die Deutschen nennen sich auch das Volk
Schopenhauers, während Schopenhauer so bescheiden
war, sich nicht für den Denker der Deutschen zu
halten.

*

Die Humanität im Kriege, die Philosophie im
Schützengraben, der Kunstsinn vor einer zerschossenen
Kathedrale und sonstige Tugenden, durch deren Vor-

handensein der Krieg erst zum Barbarismus wird, sollten nicht so oft hervorgehoben werden. Ärger als die Grausamkeit im Krieg sind Erscheinungen, die jenes noch länger währende Übel, den Frieden unerträglich machen. Schweißfüße? Bewahre; das wäre die Meinung des Ästheten (wiewohl sie ein geistiges Merkmal sind). Nein, der Ästhet selbst. Nicht Bomben, sondern Luxusdrucke auf handgeschöpftem Büttenpapier. Der elende Zierat, mit dem sich der banalste Hausrat aller Kulturen behängt und durch den Gewinnsucht und Snobismus einem typographischen Ungeist, dem erlernbaren Kunstspiel, dem ärgsten Pfuschertum am Wort Gelegenheit schaffen. Eine Hekatombe Menschenopfer wiegt nicht so schwer wie der Umstand, daß die Schändung eines toten Dichters durch einen spürnasigen Tintenjuden, einen ästhetisch interessierten Buchhändler und einen Letternschneider, diese Häufung nekrophiler und bibliophiler Bestrebungen, Vergnügen und Geschäft macht. Und am Ende besteht kein Greuel ohne das andere und das ärgste ist der Protest der Bildung, daß sie damit keinen Zusammenhang habe. Sie hat noch weniger Zusammenhang mit ihrer Sprache. Denn sie wissen Bescheid von allem und ihre Sprache hat eben noch den Zweck, ihnen Bescheid zu sagen. Kein Volk lebt so weit wie dieses von der Sprache als der Quelle seines Lebens. Es schreibt heute das abgestutzte Volapük des Weltkommis und wenn es die Iphigenie nicht gerade ins Esperanto übersetzt, so überläßt es das Wort seiner Klassiker der schonungslosen Barbarei aller Nachdrucker und entschädigt sich in einer Zeit, in der kein Mensch mehr das Schicksal des Wortes ahnt und erlebt, durch Luxusdrucke

und ähnliche Unzucht eines Ästhetizismus, der das
echtere Stigma des Barbarentums ist als das Bombar-
dement einer Kathedrale, und wäre sie selbst kein
militärischer Beobachtungsposten. Denn die ganze
Menschheit ist einer; und sie lügt, wenn sie glaubt,
ihre Bildung sei ein Beweis gegen ihre Grausamkeit
und nicht für diese.

*

Die Blutbereitschaft des Blutes ist groß oder
traurig. Schauerlich ist die Blutbereitschaft des Wortes.
Welch ein Fetzen kann doch die Sprache sein, daß
sie sich so dem unerlebtesten Inhalt hingibt, so dem
niedrigsten Willen, sich neben die höchste Tat zu stellen,
erliegt und dem Schleim einen Reim findet, daß er
von weitem aussieht wie Erz. Blaustrümpfe, die sich
nicht einmal selbst befriedigen, Hysteriker, die im
Frieden nicht selbständig onanieren konnten, Lebe-
männer, die vor der Assentierung zittern, Mummel-
greise, die sie nicht mehr zu fürchten haben, sind
mit Kriegsgedichten hervorgetreten. Das Unvorstell-
bare, vor dem der Gedanke eben noch Kraft hat, in
das Schweigen zu flüchten, hat die Mittelmäßigkeit
beredt gemacht und den Dilettantismus geschwätzig.
Wie viel Raum auch eine große Zeit haben mag,
unmöglich wäre es, wenn die Sprache nicht zur Zeit-
genossin herabgesunken wäre. Unmöglich wäre, daß
im Granatenhagel die Stimme eines kleinen Juden-
mädels gehört werden will, das die Armee mit »Ihr,
meine Treu'n« und »Schließt eure Reih'n« apostrophiert;
unmöglich, daß Librettisten sich in die Begeisterung
einlassen und aus einer Affäre, bei der an einem
Tage vierzigtausend Menschenleiber an Drahtverhauen

zucken, etwas für ihr elendes Geschäft herausfischen!
Was geht nur in all den unfallsichern Menschenleibern
vor, daß sie eben das, was in ihnen nicht vorgeht,
nie vorgehen könnte und ihrem Gefühl völlig unerreichbar bleibt, so als ihr Mitgemachtes verbaliter zu
begleiten sich nicht scheuen? Welche Wundermacht
neben dem Ereignis, das zu schwach war, zum
schweigenden Mitleid zu überreden, ist da wirksam?
Einer, der einmal von sich behauptet hat, er »liebe
die hektischen schlanken Narzissen mit blutrotem
Mund, er liebe die Qualengedanken, die Herzen
zerstochen und wund«, wünscht jetzt ganz andere
Verwundungen und ist der Dichter der Parole: »Die
Russen und die Serben, die hauen wir zu Scherben!«
Ist er gesund geworden, ist er erstarkt oder war eins
so gefühlt wie das andere? Ist es möglich, daß
Handwerker des Wortes, die ihr Leben lang gewohnt
waren, die Kundschaft mit dekadenten Stimmungen
oder auch Walzerträumen oder was sonst die Künste
des Friedens bieten, zu bedienen, ist es möglich, daß
sie nicht vor der Zumutung, ab 1. August 1914 das
Ungeheuerliche zu fassonieren, verlegen werden; vor
dem Wunsch, Millionen Menschen auf einmal ver-
nichtet zu sehen, nicht lieber Reißaus nehmen als draus
ein Couplet zu machen; ihre Harmlosigkeit so ver-
leugnen und so bewähren, und sich nicht eher selbst
aus dem Leben bringen, als den Tod in Reime?

\*

Der Dori Körner (Pseudonym für Theodor Kohn)
findet jetzt Töne, über die man im Befreiungskriege
einfach paff gewesen wäre, und Sie sollten sehn, wie

der Moriz Abeles, der damals noch Arndt hieß, alle mit sich fortreißt!

*

Wenn dieser Krieg einer wäre, so wäre keine Presse. Und wäre der Dreck nicht von selbst erstarrt, so hätte man ihm helfen müssen. Die weißen Flecke, die spärlichen und seit Erschaffung der Institution ersten anständigen Stellen im Text, sind nur geeignet, einem die schon greifbaren und doch unerreichbaren Benefizien eines Lebens auf unbedrucktem Papier als Tantalusqualen empfinden zu lassen. Staaten, die Krieg führen, sollten auch den Mut zu einem Verbot der Presse haben. Zensur ist die grundsätzliche Anerkennung des Übels. Wann denn sonst als jetzt, da ein Kommando ihm die Autorität rettet, hätte der Staat sich endlich zur Verstaatlichung jener Nachrichten entschließen müssen, auf die das Publikum Anspruch hat und die ihm ohne die heillose Zutat von Meinung und Beschreibung in Krieg und Frieden zu genügen haben? Unentbehrlich ist die Presse selbst jenen nicht, deren Vorstellungsleben sie vergiftet hat, und schwerer als den Alkohol in Rußland hätte man sie auch nicht vermißt. Wer braucht denn die Presse außer mir, der sie aber auch nur so lange braucht, als es sie gibt! Die hunderttausend nichtsnutzigen Staatsangehörigen, die heute nur deshalb nicht wehrfähig sind, weil sie schreibfähig sind und die eine Wahnvorstellung für »unentbehrlich« hält, sind ein Hindernis des Kriegs, den sie gemacht haben, und ein Ärgernis jenen, die an ihm teilnehmen. Im Krieg eine Presse haben heißt den Feind im Rücken haben. Und von allen Seuchen, die einen Krieg begleiten,

ist sie jene, deren furchtbarste Verbreitung durch
das einfachste Verbot zu hemmen wäre. Sollte der
Gedanke, der eine Menschheit aus ihren Lebensbedingungen reißt, nicht stark genug sein vor dem
Feinde aller Staaten?

\*

Es gibt einen Kulturgeschmack, der sich der
Läuse im Pelz mit aller Gewalt zu entledigen sucht. Es
gibt einen, der die Läuse duldet und den Pelz auch
so tragbar findet. Und es gibt schließlich einen, der
am Pelz die Läuse für die Hauptsache hält und deshalb
den Pelz den Läusen zur freien Verfügung überläßt.

\*

An der Erfindung des Schießpulvers und an der
Erfindung der Druckerschwärze müßte man vor allem
die Bedeutung zugeben, die ihre Gleichzeitigkeit für
die Menschheit hat.

\*

Drei Internationalen: die katholische, die sozia-
listische und die journalistische. Sie sind durch den Weltkrieg in nationale Gruppen gespalten. Der Einfluß, den
die katholisch-nationale Gruppe auf die Volksgenossen
zu nehmen versucht, wird allzu deutlich als Widerspruch
zum Wesen empfunden und kann deshalb zur Stärkung
des nationalen Hasses nicht viel beitragen. Die sozial-
nationale Gruppe verzichtet zumeist auf solchen Einfluß,
da sie ihn selbst als Widerspruch zum Programm
empfindet, dem weder die Förderung des Staats-
interesses angemessen noch die Übertreibung des
nationalen Moments erlaubt ist. Nur der Einfluß, den
die preßnationale Gruppe jeweils verübt, ist andauernd

und mächtig. Denn hier wird die nationale Gemeinheit nirgends als Widerspruch zum internationalen Wesen empfunden. Über allen Schlachtfeldern könnte noch heute die Einheit eines Zeitungskongresses walten, auf dem Individuen, die immer noch mehr Standesgenossen als Volksgenossen sind, mit dem Weltbrandmal auf der Stirn, Beschlüsse fassen, etwa wie sie einander am wirksamsten der Lüge bezichtigen könnten.

\*

Wie wird die Welt regiert und in den Krieg geführt? Diplomaten belügen Journalisten und glauben es, wenn sie's gedruckt sehn.

\*

Eine Kultur ist dann fertig, wenn sie ihre Phrasen noch in einen Zustand mitschleppt, wo sie deren Inhalt schon erlebt. Das ist dann der sichere Beweis dafür, daß sie ihn nicht erlebt. Nicht daß in den Tagen der Schlacht bei Lemberg der jubilierende Besitzer eines fünfzigjährigen Börsenblattes dicht neben der Weltgeschichte, nein, vor ihr, als »Generalstabschef des Geistes« beglückwünscht wird oder seinem »Stab« nachgerühmt, daß er die »Fahne hochhalte«. Hier mißt sich der Geist, der die Phrase hat, mit der ihm fernen Sphäre, aus deren Leben er sie bezogen hat, frech genug, da diese Sphäre in nächster räumlicher Nähe eben lebendig wird. Aber man würde denken, daß sie selbst noch dieses Leben hat und in ihr selbst der unmittelbar erlebte Inhalt sich nie anders als im unmittelbar geschöpften Wort aussprechen könnte; daß ihr Phrasen gar nicht einfallen möchten, deren Inhalt ihr nicht nur eingeboren ist, sondern den sie aufs neue erlebt, und daß sie Redensarten verschmähen müßte, die so lange schon als die ausgespuckten Schalen eines ganz anders gearteten Appetits in der Welt herumliegen. Man würde doch nicht denken, daß der Krieger eben die Umschreibungen noch gebrauchen könnte, die der Bürger für seine täglichen Verrichtungen und Verfehlungen, nein, der Tagdieb als die Verzierung seiner journalistischen Niedrigkeiten aus der kriegerischen Sphäre erbeutet hat. Sonderbar genug, daß just die Untauglichen sich immer freiwillig in der kriegerischen Sprache betätigt haben. Eben weil ein Regiment seine Fahne hochhält, so sollte es solches im Gegensatz zu einer Redaktion, die ja mit nichts dergleichen zu schaffen hätte, wenn der Bürstenabzug nicht auch »Fahne« hieße, und die ihrem Handwerk den gloriosen Nebensinn errafft hat, nicht mehr öffentlich zugeben, und zu allerletzt durch die Vermittlung einer Redaktion. Denn wenngleich es im Nahkampf ja fast wieder die Sache selbst ist, wirkt es doch nur als eine Umschreibung für Beharrlichkeit und ähnliche Eigenschaften, die sich in einem langen Frieden ganz andere Berufe angeeignet haben. Es würde also höchstens zu sagen sein, daß die Fahne, die ja selbst ein Ornament ist und in der Auseinandersetzung technischer Gewalten schon beinahe das Aussehen einer Phrase hat, gehalten, nicht daß sie hochgehalten wurde. Wenn man aber gar in einer Aktion, bei der die Erhaltung der Fahne nicht in Frage kam, Beharrlichkeit gezeigt hat, würde man da gut tun, davon zu sprechen, man habe sie hochgehalten? Würde der Krieger da nicht

eines rauhen Eingriffs in den Sprachschatz des Kriegs-
berichterstatters sich schuldig machen, der ja ehedem
sein eigener Besitzstand war, aber durch Verjährung
schon dem Feind gehört wie nur irgendein Elsaß-
Lothringen? Und kann von einem gesagt werden, er
habe sich im Schützengraben seine Sporen verdient?
Soll dies selbst von einem Reiter gesagt werden,
auch wenn er noch ein Pferd hat und nicht im Schützengraben seine Sporen verdienen muß? Und kann in
einer Seeschlacht das Leben in die Schanze geschlagen
werden? Oder darf von dem Plan der Umzingelung
einer Landarmee gesagt werden, er habe kläglich
Schiffbruch gelitten? Darf dies selbst von der
Operation einer Flotte gesagt werden, da es doch
nur von einem Schiff gesagt werden kann, und auch
dieses dann noch dem Verdacht ausgesetzt wäre, es
sei ein Bankdirektor? Aber wenn ein Krieger von
einem Schiffbruch spricht, den er nicht erleiden
könnte, so könnte er auch von einem Bankerott
sprechen, den er erleidet. Eine Marineaktion in Fluß
bringen kann gefährlich sein. Und soll eine Armee
dem Feind ihre Überlegenheit »schlagend« zum
Bewußtsein bringen? Eben nur schlagend; aber wenn
sie's sagte, so wäre sie ein Advokat. Oder kann
ein Soldat behaupten, der Vorgesetzte sei so beliebt,
daß die Truppe »für ihn durchs Feuer gehen würde«,
da sie's doch ohnedies tun muß? Und darf der
Erfolg dank unserer jetzigen Stellung bombensicher
genannt werden? Wenn die Stellung selbst so genannt
würde, wäre es noch eine Phrase, die gar nicht
daran denkt, daß die Stellung wirklich bombensicher
sein muß. Wie können Militärkritiker davon sprechen,

daß die Beschießung des Platzes ein Bombenerfolg war, da sie doch nicht Theaterkritiker sind? Oder: »In London macht die Torpedierung der ‚Lusitania‘ tiefen Eindruck.« Das ist noch menschlich. Weiter: »Auch an der Newyorker Börse herrscht große Aufregung, alle Kurse fielen.« Weil die Menschen sanken, das ist ein Begleitumstand. Aber: »In Washington schlug die Nachricht wie eine Bombe ein.« Hier sind die Seelen torpediert. Und zwischen Kriegsberichten wird »Der Kampf gegen die Zensur« erörtert, »Der Feldzug gegen die Anleihe« und gar »Der Krieg gegen die Wehrpflicht«. Nun, Journalisten, Händler und Friedensfreunde haben ihr Lebenlang wie Soldaten gesprochen. Sie mögen dabei bleiben, wenn sie über Soldaten sprechen. Jedoch Soldaten müßten anders sprechen: nicht wie Journalisten, die wie Soldaten sprechen, sondern wie Soldaten sprechen. Die Trennung ist aber wohl nicht mehr durchführbar. Eben weil der »Generalstabschef des Geistes« auch einen »Stab« hat, so besteht Gefahr, daß der Generalstabschef einen Redaktionsstab hat, und wenn Krämer sich aufs hohe Roß schwingen, so mögen Krieger sich nachrühmen lassen, daß sie »einen Volltreffer auf ihr Konto buchen konnten«. Kommis, die die deutsche Sprache evakuiert haben, gebärden sich als Kommandanten und verbündete Armeen müssen es sich gefallen lassen, als »Gesellschafter mit unbeschränkter Haftung« angeredet zu werden. Das kommt davon, daß die Menschheit ihre Exportfragen mit Stinkbomben in Ordnung bringen will. Sollte solch ein Krieg am Ende doch nicht die moralische Kraft haben, die Menschheit zu den Dingen

und zu den Worten zurückzuführen und die Zwischenhändler mühelos abzuweisen? Wenn wir die Tat
erlebten, wäre der Schorf der Sprache von selbst
abgefallen, der Dreck der Gesinnung erstarrt. Neulich
las ich, »die Nachricht von dem Brand in Hietzing
habe sich wie ein Lauffeuer verbreitet«. So die
Nachricht vom Weltbrand. Die Welt brennt, weil
Papier brennt. Wie konnte man auch solche Materie
im Hause lassen!

*

Was ist denn das für ein mythologischer
Wirrwarr? Seit wann ist denn Mars der Gott des
Handels und Merkur der Gott des Krieges?

*

Ist es nicht Unzucht? Eben die Welt, deren
höchstes Lob »gediegen« oder »leistungsfähig« war,
darf jetzt »wacker« und »brav« sagen.

*

Es ist ein Triumph der Sprache über die Sieger,
daß sie, ob sie wollen oder nicht, jetzt so oft den
Plural »Schilder« anwenden, und ein Triumph der
Kaufleute über die Sprache, daß sie im kommenden
Frieden nur noch »Schilde« über ihren Geschäften
haben werden. Und es ist nicht einmal eine Verwechslung dieser Worte, da doch der Krieg auf
einer Verwechslung dieser Dinge beruht. In der
gepanzerten Kommerzwelt, die täglich Blutbilanz
macht, tauschen der Schild und das Schild so oft
ihre Rollen wie das Verdienst und der Verdienst.
Es geht umso leichter, als Berufe, die ihr Lebtag

einen Verdienst und ein Schild hatten, jetzt ohne
Übergang einen Schild und ein Verdienst haben.

*

Einer meldete: »Das Kommando wird prompt
ausgeführt.« Er wollte sagen: Die Schlacht wird
prompt geliefert.

*

Sollte die Technik am Ende nicht imstande sein,
neue Embleme herzustellen? Bleibt sie angewiesen, sie
von den alten Idealen zu beziehen und auf die neue
Sache aufzumontieren?

*

Ahnungsvoller Druckfehlerteufel! Ein Historiker
schrieb: »So mußte, als die Mongolen im 13. Jahrhundert Ungarn erobert hatten, Herzog Friedrich
der Streitbare den wilden Feind durch den Sieg auf
dem Blochfeld bei Wr. Neustadt von Deutschland
fernhalten.«

*

Diese Zeit stellt noch immer eine sichere
Information vor einen ungewissen Heldentod. Darum
hat sich die Zeitung, die wie keine andere der Zeit
Sprache spricht, so ausgedrückt: »Bevorstehender
Heldentod der deutschen Soldaten in China.«

*

Daß der »Heldentod« einmal eine Zeitungsrubrik
werden könnte, hat sich keiner jener Helden träumen
lassen, deren Andenken auf die mündliche Über-
lieferung, wenns gut ging, auf ein Epos angewiesen war.

Unsere Zeit erhebt zu dem neuen Inhalt auch noch auf die alten Embleme Anspruch. »Maschinenrisiko« wäre ihr zu farblos. Und dennoch träte hier wenigstens der individuelle Anteil am allgemeinen Schicksal immer wieder hervor, aus Rubrik und Mechanik immer wieder vor unser Gefühl. Kein Tod aber verträgt die Klischierung weniger als der Heldentod, weil er in sich der Vorstellung einer epidemischen Häufigkeit widerstrebt. Wie häßlich, daß der Lorbeer dort jetzt wachsen soll, wo die Reklame wuchert! Der Heldentod, und sei er nur der Zufall eines Schrapnells, der für die Angehörigen schmerzlich ist, sei er nur Tod schlechthin, wird er nicht entweiht durch jenes Register, in dem früher ebenso häufig die Verleihung des kaiserlichen Rats geführt wurde? Und ist die Duldung solcher Dinge nicht auch ein Zeichen der großen Zeit wie ihre Übung? Wäre nicht hier ein weißer Fleck der Leichenstein, vor dem der Leser den Hut zu ziehen hätte?

\*

Ehedem war der Krieg ein Turnier der Minderzahl und jedes Beispiel hatte Kraft. Jetzt ist er ein Maschinenrisiko der Gesamtheit und jedes Beispiel steht in der Zeitung.

\*

Die Quantität ist kein Gedanke. Aber daß sie ihn fraß, ist einer.

\*

Gewiß, die Entwicklung der Waffe konnte unmöglich hinter den technischen Errungenschaften der Neuzeit zurückbleiben. Nur die Phantasie der

Menschheit mußte hinter ihnen zurückbleiben. »Führt man denn mit Phantasie Kriege?« Nein, denn wenn man sie noch hätte, würde man es nicht tun. Denn dann hätte man die Maschine nicht. Denn dann wüßte man, daß der Mensch, der die Maschine erfand, von ihr überwältigt wird, und daß es Sünde ist, das Leben dem Zufall auszusetzen und den Tod zum Zufall zu erniedrigen.

*

Einmal rief ein Weib: »Extraausgabe! Neue Freie Presse!« Sie hatte an der Hand ein dreijähriges Kind; das rief: »Neue feile Pesse!« Und sie hatte einen Säugling auf dem Arm; der rief: »Leie leie lelle!« Es war eine große Zeit.

*

Separiertes Zimmer für einen soliden Herrn gesucht, in das der Ruf »Extraausgabee!« nicht dringt.

*

»Bleiben Sie denn unbewegt vor den vielen, die jetzt sterben?« »Ich beweine die Überlebenden und ihrer sind mehr.«

*

»Es handelt sich in diesem Krieg —« »Jawohl, es handelt sich in diesem Krieg!«

*

Ich begreife, daß einer Baumwolle für sein Leben opfert. Aber umgekehrt?

*

Die Völker, die noch den Fetisch anbeten, werden nie so tief sinken, in der Ware eine Seele zu vermuten.

*

Wir Menschen sind doch bessere Wilde.

*

Es gibt verschiedene Kulturen. Die eine lebt im Lebensmittel. Die andere verbindet den Geist mit dem Lebensmittel. Die dritte trennt den Geist vom Lebensmittel. Die vierte lebt im Geist — aber nicht in Europa.

*

Es gibt Gegenden, wo man wenigstens die Ideale in Ruhe läßt, wenn der Export in Gefahr ist, und wo man so ehrlich vom Geschäft spricht, daß man es nicht Vaterland nennen würde und vorsichtshalber gleich darauf verzichtet, in seiner Sprache ein Wort dafür zu haben. Solches Volk nennen wir Idealisten des Exports eine Geschäftsnation.

*

Das selbstlose Pathos, das uns so oft und mit Recht beteuerte, daß »Söldner« von »Sold« komme, hat ganz vergessen, daß der »Soldat« mindestens in seiner etymologischen Bedeutung auf ihn auch nicht ganz verzichten kann.

*

Bismarck war der letzte, der erkannt hat, daß ihnen eine Ausdehnung ihres Etablissements nicht bekömmlich wäre, und daß sie nicht zu viel essen dürfen, weil sie eine schlechte kulturelle Verdauung haben, deren Begleiterscheinungen die Nachbarschaft im Nu spürt. Und daß die Expansion im Welthandel den deutschen Geist, von dem die deutsche Bildung etliche biographische Daten bewahrt, für alle Zeiten isolieren würde. Es gibt scheinbare Handelsvölker, die weniger Seele haben, aber dies Bißchen bewahren können, weil sie es von den Problemen des Konsums streng zu separieren vermögen. Freilich, wer weiß, wie lange noch. Sie laufen Gefahr, mit der allgemeinen Wehrpflicht nicht die anderen, sondern sich selbst zu vernichten.

*

Organisation ist ein Talent und wie jedes Talent zeitläufig. Es ist praktisch und dient der Individualität, die sich seiner bedient, besser als eine zerfahrene Umgebung, in der auch der mittelmäßige Mensch Individualität hat. Wie sehr muß aber ein Volk sich seiner eigenen Individualität entäußert haben, um zu der Fähigkeit zu gelangen, so glatt die Bahn des äußeren Lebens zu bestellen! Bei der Entscheidung zwischen Menschenwerten hat das nervöse Bedürfnis des höheren Einzelmenschen nicht mehr mitzureden. Er durfte in einem schlechten Leben, und zumal in dem äußeren Chaos, worin das schlechte Leben hierzulande wohnt, sich nach Ordnung sehnen; er durfte die Technik als Pontonbrücke benützen, um zu sich selbst zu gelangen; er war es zufrieden, daß die Menschheit um ihn herum nur mehr aus Chauffeuren bestand, denen er gern noch das Stimmrecht entzogen hätte. Jetzt geht es um die Persönlichkeit der Völker —

und jenes siegt, das im Verkehr mit der Technik am wenigsten Persönlichheit behalten hat.

\*

Nein, es ist kein Widerspruch zwischen meinem Lob und meinem Tadel desselben Zustandes. Zwischen meinem Lob einer Zivilisation, die das äußere Leben reibungslos gemacht hat, und meinem Tadel einer Kultur, die eben um dieser Reibungslosigkeit willen sich verflüchtigt hat. Es ist kein Widerspruch, sondern eine Wiederholung. Ich fühle mich in einer allgemeinen Mißwelt am wohlsten dort, wo sie geordnet ist und die Gesellschaft seelisch genug entleert, um mir eine Komparserie zu stellen, in der einer wie der andere aussieht. Aber ich wünsche nicht, meine Kommodität über das Glücksbedürfnis der Menschheit zu setzen, und halte es für verfehlt, wenn sie selbst sich wie ein Regiment Aschinger-Brötchen aufreihen läßt.

\*

Der Anspruch auf einen Platz an der Sonne ist bekannt. Weniger bekannt ist, daß sie untergeht, sobald er errungen ist.

\*

Ich liebe die Lebensbedingungen des Auslandes nicht. Ich bin nur öfter hingegangen, um die deutsche Sprache nicht zu verlernen.

\*

»Ach, 's ist ja zum Schießen!« hörte ich einen Dreijährigen sagen, einen, der drei Jahre erst gelebt, nicht gedient hatte. Irgendwo wird das Kind als

Fertigware geboren. Aus dem Mutterleib springend, überspringt es die vielen Empfindungswelten, durch die das Wort sich erst entwickeln mußte, ehe es Redensart sein durfte.

\*

»Wir haben die feindlichen Vorstellungen genommen.« Aber die eigenen auch. Welch tiefer Sinn, daß dieses Wort jetzt nur noch den einen Sinn hat! Schopenhauer hätte über die »Welt als Wille zur Macht und als feindliche Vorstellung« nachgedacht. Nietzsche hätte den »Willen zur Macht« wegen falscher Vorstellung mit dem Ausdruck des Bedauerns zurückgezogen.

\*

(Kindermund.) »Der Papa hat gestern gesagt: Ans Vaterland an teure schließ dich an. Ist denn das Vaterland jetzt auch teurer geworden?«

\*

Was ist denn das mit den Fremdwörtern? Man vergesse doch nicht, daß sie so ziemlich die einzigen deutschen Wörter sind, die dieser »aufgemachte« und dem Verkehrsbedürfnis der Kundschaft adaptierte Jargon noch hat.

\*

Der Kommis kennt jetzt keinen höheren Ehrgeiz, als Französisch und Englisch nicht zu können. Deutsch aber beherrscht er nach wie vor.

\*

Ich weiß nicht, was das ist, aber seitdem ich statt einer Potage à la Colbert eine »Suppe mit

Wurzelwerk und verlorenem Ei«, statt Irish stew
»Hammelfleisch im Topf auf bürgerliche Art«, ein
»Mischgericht« statt eines Ragout, keinen Vol-au-vent,
sondern eine »Blätterteighohlpastete« und dazu nicht
Mixed pickles, sondern im Gegenteil »Scharfes Allerlei«
zu essen bekomme, und wenn mir ein Appetitbrot
genügte, »Reizbrot, Leckerschnitte«, statt einer Sauce
tartare »Tartaren-Tunke (Soß)«, statt einer Sauce
Mayonnaise »Eieröltunke (Soß)«, statt Sardellensauce
»Sardellentunke« oder »Sardellensose«, wobei der
Patriot ohnehin schon ein Auge zudrückt, statt eines
garnierten Rindfleisches entweder ein »Rindfleisch
umlegt (mit Beilagen)« oder mit »Gemüse-Randbeilagen
(Umkränzung)«, statt Pommes à la maître d'hotel
»Erdäpfel nach Haushofmeister-Art« und ein »Rumpf-
stück«, ein »Beiried-Doppelstück«, ein »Rinds-Lenden-
Doppelstück« oder ein »blutiges Zwischenstück«,
entweder »mit Teufelstunke« oder »mit Bearner
Tunke«, wobei das unübersetzbare Bearner schwer
verdaulich ist, oder gar »auf Bordelaiser Art«, unter
der ich mir nichts vorstellen kann, während ich
einst doch wußte, wie das Leben à la Bordelaise
beschaffen war, seitdem ein »Erdäpfelmus-Brei,
frisch gemacht«, ein »Blumenkohl mit holländischer
Tunke (Sos)« oder mit »Holländersose« oder eben-
derselbe »überkrustet« auf den Tisch kommt, seitdem
es, ach, »Volksgartenlendenschnitten« gibt, »Schnee-
Eierkuchen mit Obstmus«, die Maccaroni verständ-
licher Weise »Treubruchnudeln« heißen, der Russische
Salat aber »Nordischer Salat« und zwischen einem
Wälischen und einem Welschen Salat zu unterscheiden ist, welch letzterer auch »Schurkensalat«

genannt wird, seitdem für »zwei verlorene Eier« nur ein ehrlicher Finder gesucht wird und mir zum Nachtisch »Näschereien« geboten werden, sei es »ein Päckchen Knusperchen« oder ›Kecks« oder gar eine »Krem« oder — Hilfe! — ein »Hofratskäschen« statt eines Romadour, — seitdem, ich weiß nicht, wie das kommt, ist halt alles so teuer geworden! Ja, ich versteh nicht, warum diese deutschen Übersetzungen und die dazu notwendigen Erklärungen auf Französisch und Deutsch gar so kostspielig sind!

*

Es gibt einen Hindenburg-Kakau-Sahne-Zucker-Würfel. So praktisch ist das Leben eingerichtet. Noch praktischer: es gibt auch eine »Kulturwohnung« mit einem »Kulturbadezimmer«.

*

Im Sagenkreis des Deutschtums wird dereinst ein großes Durcheinander entstehen zwischen Kyffhäuser und Kaufhäuser.

*

Welch ein Aufgebot von Bildung! Verleger haben das eiserne Kreuz, Soldaten schreiben Feuilletons und Feldherren sind Doktoren.

*

In der deutschen Bildung nimmt den ersten Platz die Bescheidwissenschaft ein.

*

Aus den Äußerungen der deutschen Dichter habe ich entnommen, daß sie nichts zu sagen haben, und mir mit der Erwartung geschmeichelt, daß sie mein Schweigen anders deuten würden.

*

Die deutschen Dichter haben das Talent, nicht den Mund halten zu können.

*

Ein deutscher Dichter hat das Geräusch der Maschinengewehre »Sphärenmusik« genannt und ein österreichischer hat beobachtet, wie »jeder Halm stramm steht«. Wenn die Dichter so parieren, werden der Kosmos und die Natur zu meutern beginnen.

*

Ich habe zu den Mysterien des Dichters D. nie so rechtes Zutrauen gehabt. Dem Lyriker L., diesem Genie der Klarheit, imponierten sie mächtig. Mir waren sie der Nebel, der über den Wassern liegt, aber ohne nachfolgende Schöpfung. Mir waren sie der Dampf, der zu Zeiten aus der Lebensversicherung aufsteigt. D. muß dieses Mißtrauen schließlich geteilt haben. L., dieses Genie der Klarheit, das auf stofflich greifbarstem Erdengrund alle Tiefe und Höhe durchlebt hat und noch im Waffenrock ein Schöpfer war, schien ihm unerreichbar. Da kam denn der Krieg, da ging er denn hin, und zog auch den Waffenrock an. Er ließ sich, damit kein Zweifel sei, darin photographieren. Er rief: »Hurra, ich darf mit!« und schrieb ein Abschiedsfeuilleton an seine Kinder.

Er ward Leutnant. Er nannte das Geräusch der Maschinengewehre Sphärenmusik. Um aber dem Erlebnis Farbe abzugewinnen, wie sein Vorgesetzter in der Lyrik, der Hauptmann L., war er um 45 Jahre zu spät in den Krieg gezogen. Es war doch anders, als er sichs vorgestellt hatte. Man hat ein eisernes Kreuz. Schließlich gehts vom Feld- in die Kanzlei, wo die Mysterien, ich sag's ja, immer noch am besten aufgehoben waren.

*

Die deutschen Lyriker sind versatile Leute.

*

Unsere Literatur hat einen belebenden Impuls empfangen? Sie hätte lieber Ohrfeigen empfangen sollen. Wie, die Schöpfungen unserer Dichter haben etwas von dem Feueratem übernommen, mit dem diese Zeit über den Alltag hinweggefegt ist oder so? Zwischen dem Feueratem und dem Alltag hat sich sofort eine Gemeinsamkeit ergeben, die Phrase, die unsere Dichter, anschmiegsam wie sie sind, sofort übernommen haben. Sie sind pünktlicher und schneller eingeschnappt, als es die verblüffte Kundschaft verlangt hätte. Ihre Schöpfungen als einen Beweis für die Größe der Zeit offerieren, hieße Optimismus bereits mit Frozzelei verwechseln. Ich mache immerhin noch den Unterschied mehrerer sittlichen Grade zwischen Bürgern, die die Notwendigkeit aus dem Bureau in den Schützengraben treibt, und Tagdieben, die daheim mit dem Entsetzen Ärgeres treiben als Spott, nämlich Leitartikel oder Reime, indem sie eine

Gebärde aus zweiter Hand, die schon in der ersten
falsch war, und einen Feueratem aus dem Mund der
Allgemeinheit zu einer schnöden Wirksamkeit verarbeiten. Ich habe in diesen Schöpfungen keine Zeile
gefunden, von der ich mich nicht schon in Friedens-
zeiten mit einem Gesichtsausdruck abgewandt hätte,
der mehr auf Brechreiz als auf das Gefühl einer
Offenbarung schließen ließ. Die einzige würdige Zeile,
die in dieser ganzen großen Zeit gedruckt wurde,
stand im Manifest des Kaisers und war an den
Anschlagsäulen so lange zu lesen, bis sie vom
Gesicht des Wolf aus Gersthof verdeckt wurde, des
wahren Tyrtäus dieses Kriegs!

\*

Ein simpler Reim jedoch, den ich gelesen
habe, entstanden im Munde eines Wiener Soldaten,
der seinen Vater an der Front wiedersieht, scheint für
die säkulare Schande der Kriegslyrik von 1915 zu
entschädigen und weist wie ein verirrter Naturlaut
auf eine ursprüngliche Menschlichkeit zurück, die
einmal unter die Maschine des neuwienerischen
Lebenstons geraten ist.

Servas, spater Herr! Bist aa scho dader?
Ah, Jessas, da schauts her — des is mei Vader?!

Wenn die Geschicklichkeit des Berichterstatters,
eines der peinlichsten, es nicht erfunden hat — und
der Geschicklichkeit sind heute selbst die Wunder
der Natur zuzutrauen —; wenn es — und man
glaubt es lieber — wirklich ein Soldat beim Anblick
des Vaters ausgerufen hat, so ist er der Dichter,
der diesen Krieg erlebt, war es mindestens in diesem

Augenblick, der das Gefühl zur Sprache steigert: ein Deutschmeister von anderm Zuschnitt als jener, der noch als Zivilist den berühmt gewordenen Kitsch eines »Reiterliedes« verfaßt hat. Hier hat der wie die Bildungssprache verödete Wiener Dialekt wieder die alte Kraft. Die Begebenheit selbst ist tragischer als der Heldentod. Und nichts könnte die grimmige Lebensumstülpung einfacher als dieser Auftritt, als der Anruf an den »spaten Herrn« (welch ein Wort!) bezeugen, den die Zeit »auch schon« dorthin geweht hat und auf den der überraschte Sohn — ah, Jessas, da schauts her — mit Staunen, Freude und Erschütterung weist. Der letzte Girardi-Ton und einer Tragödie letzte Szene: »So nutzt das große Weltall einst sich ab zu nichts.« Vielleicht liegt so viel nicht drin; ich wollte, es läge drin. Dann wären es zwei Zeilen, und mehr Seele als in fünfzig Jahrgängen eines Armeelieferantenorgans, in das der irre Zufall dieser Zeit solches Gedicht verschlagen hat, wie solches Leben in den Krieg.

*

Wenn ich einem im August 1914 prophezeit hätte, daß übers Jahr der Wolf aus Gersthof so groß geworden sein wird wie die Zeit und daß dereinst, wenn draußen eine Menschenmillion begraben ist, die Hinterbliebenen ihm ins Auge schauen werden und noch immer nicht dem Tod, und daß in diesem Antlitz ein blutiger Blick sein wird wie ein Riß der Welt, darin man lesen wird, daß die Zeit schwer ist und heute großes Doppelkonzert — wenn ich es einem im August 1914 prophezeit hätte, er hätte

sich, empört über meine Kleingeisterei, von meinem
Tische erhoben. Zufällig habe ich es prophezeit, aber
mir selbst, und schon damals den Verkehr mit den
Gläubigen der großen Zeit gemieden, so daß ihnen
eine Enttäuschung erspart geblieben ist.

*

Es gibt jetzt eine Jerichoposaune vor allen
Festungen, es gibt jetzt, des Morgens und des
Abends, einen Ton in der Welt, den man nicht
mehr aus den Ohren bringen wird. Etwa so:
Die Nase der Kleopatra war eine ihrer größten
Schönheiten. Gestern wurde gemeldet, noch ist Polen
nicht verloren. Heute wird gemeldet, daß Polen
noch nicht verloren ist. Aus diesen übereinstimmenden
Meldungen geht auch für den einfachen Laien die
wichtige Tatsache hervor, daß Polen noch nicht
verloren ist. Vergleichen wir die gestrige Meldung
mit der heutigen Meldung, so ergibt sich unschwer,
daß Polen, von dem man immer schon gewußt hat,
daß es noch nicht verloren ist, noch nicht verloren
ist. Hier fällt uns vor allem das Wörtchen »noch«
auf. Das Auge bohrt sich förmlich hinein in den
Bericht und man kann sich vorstellen, wie er zustande-
gekommen ist, und die Eindrücke sind lebhaft und
die Einbildungskraft wird angeregt und die Gefühle
erwärmen sich und die Hoffnungen werden wieder
wach und vielleicht ist es in diesem Augenblick schon
wahr und vielleicht ist es nicht mehr länger zu ver-
bergen und vielleicht wälzen sie sich schon unruhig
in ihrem Bett, wenn sie hören werden, daß Polen
noch nicht verloren ist. Wir möchten das Gesicht

des Präsidenten Poincaré sehen, wenn er diese Nachricht bekommt. Wir haben schon am Montag aus dem amtlichen Bericht, der in trockenen Worten meldete, daß Polen noch nicht verloren ist, die Folgerung gezogen, daß Aussicht bestehen muß, daß es noch nicht verloren ist. Das kann auch aus dem gestrigen Bericht und auch aus dem heutigen Bericht herausgelesen und nach den einfachen Denkgesetzen behauptet werden. Die besten militärischen Kenner sagen, es steht gut, unser Kriegskorrespondent meldet, die Stimmung ist sehr gut. Das ist ein wichtiges Moment der Lage. Heute läßt sich die Übereinstimmung dieser Folgerungen und Eindrücke mit den Berichten unseres Kriegskorrespondenten feststellen. Wir atmen diese Zuversicht mit der Luft ein und sie kommt aus der inneren Gewißheit des Instinkts. Wer die Karte ansieht und sich auf Grund der amtlichen Berichte in den Zusammenhang zwischen den einzelnen Schlachten und Kämpfen hineindenkt, muß nach den Mitteilungen zu der Folgerung kommen, daß, wie auch aus dem Bericht hervorgeht, angenommen werden kann, daß unsere Armee den Feind zurückgeworfen haben muß. Treues Gedenken dem Vaterlande und einen Glückwunsch den braven Soldaten zu ihrem Vollbringen. Wir möchten nicht sentimental werden und es ist nicht unsere Gewohnheit, übermütig zu sein, bevor die wichtige Meldung, daß Polen noch nicht verloren ist, durch die Ereignisse selbst mit den Einzelheiten und den Details bestätigt ist. Aber schon jetzt müssen die Ereignisse einen Rückschlag auf die Stimmungen ausüben und der Eindruck muß groß sein und der Zweifel dürfte sich aus-

breiten und im Flügel ist Blei und im Gemäuer
beginnt es zu rieseln. Wer möchte nicht gern heute
über die Boulevards von Paris gehen und in den
Elyséepalast hineinsehen, wo die Sorge nistet. Das
kann nicht sein, daß die Verderbtheit und der Dünkel
sich dort noch behaupten können, wo die Einsicht
und die Reue schon durch einen einfachen Blick auf
die Karte geweckt wird und sich die Erkenntnis
durchringen muß, wir haben gefehlt. Der alte Belisar
war ein anständiger Mensch. Tayllerand pflegte, wenn
er beim Essen war, zu sagen, die Sprache ist der
Mensch, und beim Empfang dieser Nachricht wird
sich der Schrecken ausbreiten, und vielleicht werden
sie, nachdem die Schlechtigkeit ihre Früchte getragen
hat und nachdem sie die Einbildungen vergiftet und
die Stimmungen nicht geschont und die Leidenschaften
aufgewiegelt haben, erkennen, wie sie sich überhoben
haben. Vernichten haben sie uns wollen, zerstören
haben sie wollen die Früchte des Talents, und
die Bosheit hat nicht genug Einfälle gehabt, zu ver-
ärgern und Schlingen zu legen und durch Sticheleien
zu reizen und durch Neckereien zu verbittern. Die
Familie Brodsky ist eine der reichsten in Kiew. Kein
Mensch kann heute wissen, was hinter dem Schleier
der Zukunft verborgen ist, von der die Lady Hamilton
zu sagen pflegte, man soll den Tag nicht vor dem
Abend loben. Heute wurde gemeldet, daß Polen noch
nicht verloren ist. Wir entbieten der Armee unsern
Gruß. Wenn wir hören werden, daß Polen, welches
schon so viele Verluste überstanden hat, noch nicht
verloren ist, so wird wieder Freude in das Herz ein-
ziehen, und überstanden sind die Tage unfruchtbarer

Grübeleien. Wenn der knappe Bericht des General-
stabs, den das Auge abtastet, eine so vielsagende
Wendung nicht umgeht, sondern mit kurzen Worten
andeutet, was zu den Herzen spricht, so können wir
uns vorstellen, was es zu bedeuten hat, und auch
der einfache Mann von der Straße kann sich an den
Fingern abzählen, wenn er hören wird, daß Polen
noch nicht verloren ist, daß tatsächlich die Möglichkeit besteht, daß es noch immer nicht verloren ist.
Die Einbildungskraft schwelgt in der Vorstellung, wie
es geschehen sein mag, und frohe Tage brechen an
und die Hoffnung lebt auf und es wird wieder licht
um uns. Kaiserin Katharina schrieb in ihr Tagebuch,
es ist eine Lust zu leben. Die letzte Meldung ist sehr
wichtig. Polen ist noch nicht verloren.

*

Die Sprache seelischer Zerrüttung, die die Auf-
schriften über Meldungen aus Feindesland seit Jahr
und Tag führen — Besorgnisse im Vierverband,
Entmutigung in Frankreich, Beklemmungen in Rußland,
Zerknirschung in England, Reue in Belgien, Enttäuschung
in Italien, Demoralisation in Serbien, Verzweiflung in
Montenegro, Mißtrauen in Frankreich gegen Rußland,
Verstimmung von Rußland über England, Zweifel in
London, Paris, Rom und Petersburg —, hat kürzlich
für die Mitteilung, daß ein Heerführer von neuem
erhebliche Verstärkungen »erbat«, den Titel gefunden:
»Die Engländer erbeten neue Verstärkungen für
die Dardanellen«. Den Feinden ist in all dem Elend,
in das sie ihr Deutschenhaß gestürzt hat, nur der
eine Trost geblieben, daß ihre Besieger nicht deutsch
können.

*

Einer der führenden Geister Berlins hat ein satirisches Gedicht auf die italienische Politik verfaßt, in dem die Wendung: »Das Kabinett hat ausgiolitten« sechsmal variiert war. Da die italienische Sprache mehr vom Klang lebt als vom Gedanken, kann ihr so etwas nicht passieren.

\*

»Infolge der kriegerischen Ereignisse müssen wir zu unserem Bedauern vorläufig den Umfang der Hefte einschränken, wir werden jedoch bestrebt sein, nach Eintritt normaler Verhältnisse unseren Abonnenten durch Ausgabe stärkerer Hefte Ersatz zu bieten.« So verspricht die ‚Österreichische Rundschau‘. Man sieht, es gibt Verhältnisse, die den eingefleischtesten Friedensfreund über den Wert des Krieges vorurteilsfreier denken lassen könnten.

\*

»Es wird weiter gedroschen.« Nein, so grausam sind wir nicht. Immer noch mehr Phrasen als Menschen!

\*

Es gibt ein Revanchebedürfnis, das weit über Elsaß hinausgeht.

\*

Die falschesten Argumente können einen richtigen Haß beweisen.

\*

Die Wurzel des innereuropäischen Übels ist, daß sich das Lebensmittel über den Lebenszweck erhob und daß der Händler, anstatt wie es sich gebührte ein Leibeigener zu sein, der Herr des Geistes wurde.

*

Jeder Staat führt den Krieg gegen die eigene Kultur. Anstatt Krieg gegen die eigene Unkultur zu führen.

*

Vae victoribus!

*

Manches Volk lebt wie einer, der seinen neuen Regenschirm bei schönem Wetter aufspannt und wenns regnet, mit seinem alten Gewand zudeckt.

*

Was zu gunsten des Staates begonnen wird, geht oft zu ungunsten der Welt aus.

*

Es hängt letzten Endes von den Diplomaten ab, wie der Volksruf: »Nieder mit den —!« auszufüllen ist. Das Nichtgewünschte bitte zu durchstreichen. Ich fühle international.

*

Ein großer Moment hat schon oft ein kleines Geschlecht gefunden, noch nie aber hat ein so kleines Geschlecht eine so große Zeit gefunden.

*

Noch kurz vor Kriegsausbruch habe ich solche Coupégespräche zwischen Menschen, die einander bis dahin fremd gewesen waren, gehört: »Hab ich mir

doch meine Kolatschen erobert!« »Wenn wir Geistesgegenwart haben, können wir in Wessely ein Gullasch
essen!« Man denke, wie die seelische Annäherung,
die der Krieg gebracht hat, die Gemeinsamkeit in
Freud und Leid, erst nachher zur Aussprache gelangen
wird. Ich werde die Strecke abfahren und darauf
achten.

*

Der seelische Aufschwung des Hinterlands ist
der Straßenstaub, den die Kehrichtwalze aufwirbelt,
damit er unverändert wieder zu Boden sinke.

*

Das Übel wirkt über den Krieg hinaus und durch
ihn; es mästet sich am Opfer.

*

Im Krieg gesundet die Menschheit? Wenn sie
nicht den Krieg ansteckt!

*

Wohl ist der Krieg besser als der Friede. Aber
der Friede dauert länger.

*

Das Übel gedeiht nie besser, als wenn ein Ideal
davorsteht.

*

Wie, noch mehr Wucher? Ja, sind denn die
Zurückbleibenden der Landsturm der Selbsterhaltung?

*

Es ist schön, für eine Idee zu sterben. Wenn's nicht eben die Idee ist, von der man lebt und an der man stirbt.

\*

Die Macht hat zur Durchsetzung ihrer Idee jene Organisation geschaffen, zu der die Idee ausschließlich fähig war.

\*

Wenn nur nicht ein Volk, das sich den Militarismus anschaffen muß, um mit dem Militarismus fertig zu werden, statt mit diesem mit sich selbst fertig wird! Die Kraft, das technische Leben zu überdauern, wächst nicht in den Reichen des Christentums.

\*

Der Kampf bis aufs Brotmesser ist eine logische Notwendigkeit, die nur noch ein Überflüssiges mitschleppt: das Blut, mit dem die Fakturen geschrieben werden.

\*

Der Schützengraben ist heute noch eine ziemlich primitive Zuflucht vor dem Mörser. Wenn der Geist, der diesen erschaffen hat, erst so weit halten wird, jenen mit allen Komfort der Neuzeit auszustatten, dann wird er vielleicht auf den Mörser verzichten.

\*

Welcher Weg der deutschen Seele von der Schwärmerei zur Klarheit — von der Jean Paul'schen Entrückung in einer Montgolfiere bis zu dem gelungenen Witz, der eine Bombe aus einem Zeppelin begleitet!

\*

Deutsche Sätze wie die fünf Seiten bei Jean Paul, in denen der Aufstieg in einer Montgolfiere beschrieben wird, können heute nicht mehr zustandekommen, weil der Gast der Lüfte nicht mehr die Ehrfurcht vor dem näheren Himmel mitbringt und bewahrt, sondern als Einbrecher der Luft die sichere Entfernung von der Erde zu einem gleichzeitigen Attentat auf diese selbst benützt. Der Aufstieg des Luftballs war eine Andacht, der Aufstieg des Luftschiffs ist eine Gefahr für jene, die ihn nicht mitmachen. Weil die Luft »erobert« ist, wird die Erde bombardiert. Es ist von allen Schanden dieser Erde die größte, daß jene einzige Erfindung, die die Menschheit den Sternen näher bringt, ausschließlich dazu gedient hat, ihre irdische Erbärmlichkeit, als hätte sie unten nicht genügend Spielraum, noch in den Lüften zu entfalten! Und selbst hier noch ein sittlicher Rangunterschied: zwischen dem Mut, der jene grauenvolle Sicherheit, statt eines Arsenals ein Schlafzimmer zu treffen, bestialisch betätigt, immer von neuem vergessend, was es bedeute, und dem Fleiß, der mit der Bombe noch einen Witz hinunterschickt und gar den eines »Weihnachtsgrußes«. Selbst da wieder die greuliche Vermischung des Gebrauchsgegenstandes, nämlich der Bombe, mit dem Gemütsleben, nämlich dem Scherz oder Gruß: der Greuel größtes, jene äußerste Unzucht, durch die sich ein im Reglement verarmtes Leben auffrischt, die organische Entschädigung für Zucht und Sitte, der Humor des Henkers, die letzte Freiheit einer Moral, die die Liebe auf den Gerichtstisch gelegt hat!

*

Held ist Einer, der gegen viele steht. Diese Position erringt im neuen Krieg am ehesten der Luftbombenwerfer, einer, der sogar über vielen steht.

*

Es gibt ein militärisches Witzblatt, das der großen Zeit umso leichter nachgekommen ist, als sich die große Zeit bemüht hat, dem militärischen Witzblatt nachzugeraten.

*

Es gibt auch Bilder, die den Krieg von einer versöhnlichen Seite zeigen. Die Sammler von Dokumenten der Menschlichkeit sollten es sich nicht entgehen lassen: »Szene in der befreiten Bukowina: Rumänische Bäuerin gibt einem Kriegsberichterstatter Feuer.«

*

Ich weiß nicht, wie das mit dem Mut ist. Ich bin darin, da ich erst seit sechzehn Jahren allein gegen alle stehe, offenbar nicht maßgebend. Ich weiß, nicht, ob der Nervenarzt recht hat, der zweierlei Mut unterschied und den anderen, auf dessen neurasthenischen Ursprung zurückgehend, als eine Art Losgelassenheit definierte, die auch den Minderwertigen zu Taten befähige, die sonst einen ganzen Mann erfordert haben. So wäre denn Tapferkeit unter Umständen eine rabiate Feigheit und das Vorwärtsgehen eine umgekehrte Flucht. Ich weiß nicht, ob die Wissenschaft recht hat. Das aber ist mir aufgefallen, daß ein junger Mann, der einmal, als ich irgendwo eine Vorlesung hielt, aus einem Pfeifchen Töne hervorbrachte, den ganzen Abend hindurch

in einem Winkel geduckt, und nur stille wurde, wenn
der Arrangeur zufällig den Blick nach dem Winkel
richtete, daß eben dieser junge Mann eine belobende
Anerkennung »für tapferes, mutiges und beispielgebendes Verhalten vor dem Feind« empfangen hat.
Es ist möglich, daß, wenn der Feind oben auf dem
Podium statt mit dem Wort mit dem Maschinen-
gewehr gewirkt hätte, auch das Verhalten vor ihm
ein tapferes und mutiges gewesen wäre und vielleicht
beispielgebend für den Saal, der dann endlich einmal,
anstatt mir unter meiner Suggestion Applaussalven
zuzuschicken, mich seiner wahren Meinung entspre-
chend beschossen hätte. Da ich aber nur das Wort
habe und nur einer gegen alle und nicht unter allen
eingereiht, so kenne ich mich mit der Tapferkeit
nicht aus. So viel kann ich aber noch sagen, daß
auch Leute, die der Abfassung von anonymen Schmäh-
briefen an mich überwiesen sind, draußen gute Arbeit
leisten, lauter Volltreffer erzielen oder wenn sie sich
schon nicht selbst bemühn, doch mindestens, erfüllt
vom Glanz des Erlebten, daheim der großen Tat das
Wort sprechen, und zwar in Vortragssälen, wie ich
im Frieden gewohnt war. Es ist aber möglich, daß
mir die Vereinbarkeit solcher Erscheinungen mit
meinen Erfahrungen nur darum auffällt, weil ich den
seelischen Aufschwung übersehe, der im Gefolge
einer tatberauschten Gegenwart Wunder auch über
jene vermocht hat, die bis dahin nur des heimlichen
Wortes fähig waren. Ist dem so, dann wird die
Verwandlung gewiß auch meinem eigenen Wirken
zugutekommen, und ich könnte sicher sein, daß es
künftig von verborgenen Kunstpfeifern und heim-

lichen Korrespondenten verschont bleibt. Sollte diese Wendung durch Gottes Fügung aber gleichwohl nicht eintreten, so werde ich mit der mir eigenen Offenheit davon Bericht erstatten, genau den Helden bezeichnen und die Anerkennung, die er empfangen hat, und fortfahren, mich durch tapferes, mutiges und beispielgebendes Verhalten vor dem heimgekehrten Feind auszuzeichnen.

\*

Einer, der in dem Verdacht steht, ohne gerade eine Persönlichkeit zu sein, eine solche doch zu haben, so einer wird für die Gefahr des Krieges, der ihm das leibliche Ende oder sonst allerlei Schaden bringen kann, durch einen sichern Vorteil entschädigt: durch das Todesurteil, das die zu den höheren Zwecken organisierte öffentliche Meinung über seine Geltung beschlossen hat. Durch die Abkehr einer peinvollen Aufmerksamkeit, durch die Zerstreuung des Pöbels und die Ablenkung der Hysterie, also durch das plötzliche Desinteressement zweier Mächte, die sich fast so willig von dem Druck des Einzelnen befreien, wie er von ihrer Gefolgschaft. Sie können endlich von der Gnade einer allgemeinen Pflicht das beziehen, was vom Zwang eines besonderen Charakters nicht zu haben war: auch auf der Welt zu sein. Subordination unter eine Massenverpflichtung wird von ihnen bei weitem nicht so hart empfunden wie das Gefühl der Inferiorität vor dem Denker und darum überstürzen sie sich in beiderseits willkommenen Absagen an ihn. Die allgemeine Verpflichtung ist die Befreiung für beide. Sie schafft einen klaren Zustand, mit dem sie zufrieden sein können. Die Möglichkeit, durch Pflicht und Zufall als Held zurückzukehren, ist doch ein berauschenderes Erlebnis als die tote Gewißheit, hinter dem Helden leben zu müssen und tatenlos, wehrlos in der Front vor dem immer feindlichen Geist zu stehen. Die erfrischende Leere um einen Zurückbleibenden, die ehedem durch eine wertlose Truppe scheinbar ausgefüllt war, gibt erst das Maß der ausgespielten Rolle. Man wird gleichwohl nicht unbescheiden; denn das Glück dieser ruhigen Gegenwart ist groß, weit größer als die verflossene Ehre. Niemand bekennt lieber als der so Gestürzte den Sachverhalt der so verrückten Welt. Wohl, »jetzt ist nicht die Zeit für Gedanken«. Jetzt tragen die Quallen einen Panzer. Die Zeit ist groß, ich habe zehntausend Geliebte im Feld! Keine läuft mir mehr nach. Die Literatur ist von mir befreit: ich atme auf. Das Scheinmenschentum, von mir abgeglitten, beginnt sich zu fühlen, und manch ein Tinterl steht draußen und — macht Gedichte, als wär's ein Bluterl.

\*

Der Krieg wird vielleicht eine einzige Veränderung bringen, aber eine, der zuliebe er sicher nicht unternommen wurde: die Opfer der Psychoanalyse werden gesund heimkehren. Denn der Krieg versteht fast so wenig von Psychologie wie die Psychoanalyse, aber er hat vor dieser individualisierenden Methode, die auf das Nichts am meisten eingeht, wenigstens den Vorteil, daß er am meisten schablonisiert und somit dem Nichts wieder zu seiner wahren Position verhilft. Es ist gut, wenn Quallen, die noch nicht einmal Instrumente waren, dazu erhoben werden.

\*

Heimlich ein offenes Wort nicht scheuend und vor aller Welt ein Kujon, so zwischen Hochverrat und Unterwürfigkeit, lebt sichs hier am besten. Es gibt Märtyrer ihres Mangels an Überzeugung, auf deren Lügen kein Verlaß ist, die aus purer Verachtung für gesellschaftliche Ehren sie zu erlangen trachten und einer Hoheit nur zu dem Zweck hineinkriechen, um zu sagen, daß es dort finster sei.

\*

Die Zurücklegung von Orden ist die Ordensstreberei nach hinten. Denn obschon diese immer nach hinten zielt, so diesmal auch vom Punkte des Strebenden aus.

\*

Die Quantität mindert in jeder Hinsicht den Ertrag. Die Anziehungskraft, die die Verkleidung auf Frauen ausübt, ist geschwunden und geblieben die erotische Enttäuschung. Da den Frauen nur gefällt, was auffällt, so hat heute wieder jener die bessere Aussicht, der ein Zivilgewand trägt, oder ein Bunter, von dem bekannt würde, daß er sich durch besondere Feigheit vor dem Feind hervorgetan hat; denn Held kann ein jeder sein. Es geht eben wie auf jedem Maskenball, für den jeder sich selbst das größte Aufsehen verspricht und an dessen Ende er erkennt, daß er einen Frack hätte anziehen müssen, um aufzufallen, denn eine falsche Nase hatten alle.

\*

Gleichwohl wird sich der Heimkehrende nicht leicht in das zivile Leben wieder einreihen lassen.

Vielmehr glaube ich: Er wird in das Hinterland einbrechen und dort den Krieg erst beginnen. Er wird die Erfolge, die ihm versagt werden, an sich reißen und der Krieg wird ein Kinderspiel gewesen sein gegen den Frieden, der da ausbrechen wird. Vor der Offensive, die dann bevorsteht, bewahre uns Gott! Eine furchtbare Aktivität, durch kein Kommando mehr gebändigt, wird in allen Lebenslagen nach der Waffe und nach dem Genuß greifen und es wird mehr Tod und Krankheit in die Welt kommen, als der Krieg je ihr zugemutet hat.

*

Eine Frau sechs Wochen im Schützengraben? Wenn sie nicht doch auch einmal in der Zeit geblutet hätte, müßte man es für unnatürlich halten.

*

Ich glaube nicht, daß erzogene Mädchen, die bis zum 1. August 1914 nicht wissen durften, wie der Mann beschaffen ist, von dem sie Mutter sein werden, von da an, ohne ihr eigenes und die ihm folgenden Geschlechter in Verwirrung zu bringen, Handreichungen an der Leiblichkeit fremder Männer vornehmen können, auf die niemals Väter, Brüder, Gatten, geschweige denn Diener einen Anspruch hatten. Ich glaube, daß diese Verwandlung der Dame zur Pflichterfüllerin, auch wenn sie äußerlich nicht die kleinste Bewegtheit und nicht die geringste greifbare Inkonvenienz mit sich brächte, unter den Blicken von Ärzten, die nie in ihrem ganzen Leben davon geträumt haben, in die gesellschaftliche Nähe

solcher Frauen zu gelangen oder gar deren Befehls-
haber zu werden, sich mit der gleichen Plötzlichkeit,
mit der sie vor sich ging, auch als erotisches
Schauspiel präsentieren könnte. Ich glaube nicht, daß
die Möglichkeit, eine Aristokratin zur Entfernung von
Ungeziefer zu verhalten, von einem graduierten
Burschen mit intelligenten Äuglein nur unter dem
Gesichtspunkt der Selbstaufopferung tagsüber be-
trachtet und abends am Stammtisch besprochen werden
dürfte. Ich glaube, daß der im luftleeren, von
Fibelgedanken begrenzten Raum lebende Offizialgeist
sich auch dieses Kriegsopfer anders vorgestellt hat, als
es ausfällt. Ich glaube: das hinter der äußern Wirrnis in
furchtbarer Unsichtbarkeit verborgene Chaos werden
erst die Enkel büßen. Die Nächstenliebe, die den
weiblichen Landsturm aufgeboten hat, ist noch
weniger als der Nächstenhaß imstande, die Folgen
zu decken. Keiner der Imperative, unter denen die
heutige Welt noch geboren ist, weder der heroische,
noch der charitative, wird den neuen Zeitformen
standhalten. Eine Gesellschaft, die unter dem Schutze
alter Moralgesetze so unbekannte Abenteuer bestehen
zu können wähnt, muß an jenen selbst zuschanden
gehn. Nicht die Sittlichkeit, sondern deren Umsturz
ist die Grundbedingung, daß die Frau von der Krankenpflege davonkomme. Wer hilft den Helferinnen? Denn
es kann wohl einem Restchen Phantasie, welches
dem technischen Weltsturm standgehalten hat. nicht
verborgen bleiben, daß dieses Experiment der Menschheit die Frauen noch in Mitleidenschaft ziehen wird,
wenn die Männerwunden längst geheilt sein werden.
Die Entwicklung in die Quantität hat sie zu einem

früher nie gesehenen Aufgebot der Hilfe mobilisiert, dessen Agenden einen viel tiefern Wesenseingriff bedeuten als die Verwandlung der Männer und viel schmerzlichere Wunden hinterlassen werden, als jene sind, bei deren Behandlung die Frauen assistieren. Denn noch weniger als Blutverlust sich im Raum idealer Schulvorstellungen vollzieht, spielen sich dort die Angelegenheiten der Charitas ab. Dieselbe Sittlichkeit, die Aufopferung verlangt und weibliche Hingabe außerhalb des Geschlechts konstruiert, hat durch Generationen nicht einmal zur Aussprache gelangen lassen, was jetzt täglich, plötzlich, zur unmittelbaren Anschauung kommt. Der praktische Sinn der Menschheit hat der Unmoral nur im männlichen Punkt Konzessionen gemacht und die Erkenntnis zugelassen, daß man mit Bibelsprüchen keine Eisenbahnen baut. Aber daß man mit Fibelsprüchen Spitäler bedient, von dieser Überzeugung würde er sein Lebtag nicht lassen. Hat er aber schon für den Bereich männlichen Wirkens im Kriege außer der Verpflichtung, fürs Vaterland zu bluten, keine unheroischen Begleiterscheinungen berücksichtigt und etwa die Möglichkeit, Läuse zu bekommen, gar nicht in die Glorie einbezogen, wie würde er diese mit der Notwendigkeit, jene zu entfernen, vereinbaren können? Ist eine Geistesverfassung haltbar, die zu jedem Bett eines Kriegers neben die Pflegerin auch die unsichtbare Gouvernante der Moral stellt, die nicht zu fühlen erlaubt, was zu tun sie nicht verhindern kann, und nicht auszusprechen, was zu empfinden die unsichtbare Kupplerin Natur befiehlt? Ist der Zustand fortsetzbar, daß eine vor ihren Angehörigen

nicht beim Namen nennen darf, was sie tagsüber
für einen Fremden tun mußte? Die freiwillige Pflegerin
ist doch eben jenes Mädchen, das nach aufgehobener
Hochzeitstafel von der Mutter, ja gleich darauf vom
Gatten auch nicht annähernd so viele physiologische
Neuigkeiten erfährt, als eine Stunde am Operations-
tisch oder Krankenbett ihr vermitteln kann. Die
Hoffnung, daß das überstandene Studium eine
moralistische Auffassung in diesem Belang, die
immer noch gesünder war, künftig ausschalten
werde, wäre töricht. Nur das Zwielicht wird
peinlicher sein, und der Kontrast, daß die schlechte
Zeitung, die in den guten Häusern gehalten wird, in
einem Kriegsbericht das Wort Läuse nur mit dem
Anfangsbuchstaben und vier Punkten schreibt und
die Töchter der Abonnenten ohne Umschreibung mit
der Sache selbst fertig werden müssen, wird sich
tausendmal fühlbar machen. Die Natur, vorausgesetzt,
daß so etwas noch in Frauen lebt, dürfte denn doch
leichter eine Verbindung mit dem Ekel zur Erschaffung
heilloser Hysterien eingehen können, als die Moral
mit dem Wort. Was die Krankenpflege, gefährlich
nur durch die Gelegenheit, daß Gefühlsmonstren zur
Welt kommen, an normaleren Vermischungen zeitigen
mag, ist unbeträchtlich, da hier dank einer tatsachen-
durstigen Moral der greifbare Fall rasch genug
bekannt wird und die Zahl der Begebenheiten immer
hinter der Fülle der Erzählungen zurückbliebe. Viel
bedenklicher ist jene Einwirkung, die von der Moral
zwar von altersher verschuldet, aber im präsenten
Fall von ihr nicht bemerkt und nicht verstanden
wird. Die Verbindung der formwilligsten Natur mit

Grauen und Ekel wird noch in Generationen zu spüren
sein, die von dem Anlaß nur aus Geschichtsbüchern
unterrichtet sein werden. Und ist man wirklich so
blind, den Anteil nicht zu sehen, den an solcher
Alteration noch der wehrloseste Patient hat, der nach
einer geschlechtlichen Hungerperiode zum erstenmal
die beständige Nähe eines Wesens spürt, das immerhin
von der Natur dazu gebildet scheint, den durch Blut-
geruch hundertfach vermehrten Hunger zu befriedigen?
Und ist es denn human, Männer, deren rein körperliche
Erregung dem Heilungsprozeß abträglich ist, so im
Prokrustesbett der Sitte liegen zu lassen, Frauen,
deren vom Geschlecht irritiertes Gemütsleben in die
Zukunft wirkt, in die Luft solch eines Kranken-
zimmers zu stellen? Ist es nicht grausam, die
furchtbarste Naturgewalt, die sich im Bund mit dem
blutigsten Handwerk steigert, der konstanten Reizung
auszusetzen und eine Entspannung zu verhindern?
Nicht noch grausamer, den Instinkt der Frau, dem
der eigene Wunsch fern genug liegen mag, aber der
fremde schmeichelt, solchen Prüfungen zu überlassen
und die Schönheiten des Hinterlandes vermöge einer
suggerierten idealen Aufgabe zum bewußten Zielpunkt
von Begierden zu machen, die draußen in den be-
klagten sexuellen Gewalttaten Befriedigung finden?
Und wenn es schon nicht das ausgehungerte
Geschlechtstier selbst ist, dem die Pflichterfüllerin
vorgeführt wird, wenn Aggression und jedes Anbot
gröberen Wunsches vollständig ausgeschaltet wären,
bringt dann nicht doch der Reiz der Unterwerfung unter
weibliche Aufsicht und die dem feineren Geschmack
auf beiden Seiten erreichbare Sensation des Standes-

unterschieds genug Nebensinn in die Barmherzigkeit,
um sie, mindestens durch die Zeugenschaft dritter
Personen, zu einer erotischen Angelegenheit zu machen?
Was hat denn die Chirurgie mit diesen Dingen zu
schaffen, und hat man nicht oft genug gehört, daß
Kranke, die von allen erotischen Ingredienzen nur
die Schamhaftigkeit hatten, aber zu krank waren,
um sie in ein Wohlgefühl umzusetzen, den Beistand
der ihnen sozial übergeordneten oder gleichgestellten
Damen unbequem empfanden? Nichts müßte »geschehen«, und die Geschlechtsluft, in der diese
Frauen geatmet haben, hinterließe doch — unter der
gleichzeitigen Erhaltung dessen, was sie im Zaum
hält, und eben darum — eine fortwirkende Unruhe.
Warum belügt sich denn die Welt so dumm, und
was ändert die unmenschliche Sicherheit ihrer Vor-
kehrungen an dem Dasein eines Triebes, der sich
am Verbot nährt und verheerend nach innen wendet!
Der strategische Rückzug dieses Feindes ist die Offensive
gegen die Zukunft.

*

Zu einer jungen Krankenpflegerin: »Nein, ich
bin nicht dafür.« »Warum?« »Weil ich Ihnen nicht
sagen darf, warum ich dagegen bin.«

*

Alles was ehedem paradox war, bestätigt nun
die große Zeit.

*

»Von allen möchte ich doch noch am liebsten
die zu Feinden haben.« »Aber nicht zu Freunden!«

*

In Deutschland steht die Kunst »im Dienste des
Kaufmanns«. Noch nie dürfte einem Dienstboten
mit weniger Wahrheit nachgerühmt worden sein, daß
er gesund entlassen wurde.

*

Die Achtziger Jahre brachten allerlei Schnörkel.
Das Sinnbild des Lebens war ihnen der Pferdesport
und mit dessen Zeichen verschnörkelte man alle
Gegenstände des nüchternen Gebrauchs. Kein Tinten-
zeug, das nicht mit Sattel oder Jokeykappe bepackt
war, kein Leuchter, der nicht auf einem Hufeisen
stand. Aber das Spiel, mit dem der Ernst ornamentiert
wurde, war wenigstens vom Spiel bezogen, nicht vom
Ernst. Die eiserne Zeit hält es anders. Sie ist
keineswegs zu ernst, um auf das Ornament zu verzichten; aber sie behängt nicht den Ernst mit dem
Spiel, sondern das Spiel mit dem Ernst. Es wäre
immerhin noch geistig sauberer, einen Mörser zu
verzieren, als dem Zierat die Fasson eines Mörsers
zu geben. Die Achtziger Jahre waren denn doch
besser, wiewohl sie nur die hufeiserne Zeit waren.

*

Derselbe Mischmasch einer Kultur, die aus
Absatzgebieten Schlachtfelder macht und umgekehrt,
baut aus Stearinkerzen Tempel und stellt »die Kunst
in den Dienst des Kaufmanns«. Wenn die Industrie
Künstler beschäftigt, so kann sie auch Krüppel liefern.

*

Das Kriegsmittel sei vom Material bezogen.
Wenn zwei Konsumvereine sich streiten, so ist der

der sittlich höher stehende Konsumverein, der nicht die Vereinsmitglieder selbst, sondern eine von ihnen gemietete Polizei raufen läßt, und er handelt am sittlichsten, wenn er sich gar mit der Kundenabtreibung begnügt. Die einen wollen den Export und sagen, es handle sich um ein Ideal; die andern sagen, es handle sich um den Export, und diese Offenheit ermöglicht schon das Ideal. Und sie könnten es den andern zurückerobern, indem sie sie von der kulturwidrigen Gewohnheit befreien, es als »Aufmachung« für ihre Fertigware zu verwenden. Denn Spediteure haben nicht ideale Güter als Draufgabe zu verfrachten.

*

Wenn Buchhalter Kriege führen, sollten sie auch die Chancen berechnen.

*

Wie einer lügt, kann manchmal wertvoller sein als daß ein anderer die Wahrheit sagt.

*

Die Lügen des Auslands, vorausgesetzt daß nicht auch sie made in Germany sind, enthalten noch immer mehr Lebenssaft als eine Wahrheit des Wolff'schen Büros. Denn bei jenen kann man die Lüge, die einem Naturell entspringt, von der Wahrheit, die einer Einsicht entspringt, noch unterscheiden; anderwärts sagen sie selbst die Wahrheit wie gedruckt und alles entspringt dem Papier.

*

Es gibt Künster der Lüge und es gibt Ingenieure der Lüge. Jene wirken gefährlich auf die Phantasie; diese haben sie schon vorher aufgebraucht.

*

Die Lüge im Krieg ist entweder ein Rausch oder eine Wissenschaft. Diese schadet dem Organismus mehr.

*

Die deutsche Sprache ist die tiefste, die deutsche Rede die seichteste.

*

Ich weiß um die Entfernung des heiligen Geistes von den Sitten der Wilden. Ein Analphabet in Timbuktu nämlich dürfte dem Geist seiner Sprache erheblich näher stehen als ein Literaturprofessor in Dresden dem Geist der seinen. Mithin dürfte ein Analphabet in Timbuktu auch dem Geist der deutschen Sprache näher stehen.

*

Der Franzose hat sich von seiner Oberfläche noch immer nicht so weit entfernt, wie der Deutsche von seiner Tiefe.

*

Die grausamsten Schändungen werden doch an der Sprache begangen. Es gibt Kosakenhorden, die den Boden für die Ewigkeit verwüstet haben, und es gibt Kulturen, die es zufrieden sind.

*

Manchen Punkt wüßte ich noch, der erfolgreich mit Bomben belegt werden könnte. Aber folgt man mir denn?

*

Ein rechter Krieg wäre erst, wenn nur die, die nicht taugen, in ihn geschickt würden.

*

Der Österreicher läßt sich aus jeder Verfassung bringen, nur nicht aus der Gemütsverfassung.

*

Darin ist Ordnung: die Schlamperei ist geblieben. Darin ist Pünktlichkeit: die Schlamperei beruft sich auf den Weltbrand.

*

Es ist in alten Mären, auf welche die Nibelungentreue zurückzuführen ist, der Wunder viel geseit. Aber was sind diese gegen die wunderbaren, märchenhaften Verbindungen und Kontraste der blutlebendigen Gegenwart? Denn: Noch nicht einmal telephonieren können und nichts als telephonieren können — das mag wohl zwei Welten ergeben; aber läßt es eigentlich ihre seelische Verbindung zu, da kaum eine telephonische zustandekommen könnte? Lassen sich zwei Wesen Schulter an Schulter denken, deren eines die Unordnung zum Lebensinhalt hat und nur aus Schlamperei noch nicht zu bestehen aufgehört hat, und deren anderes in nichts und durch nichts besteht als durch Ordnung?

*

Wir hier müssen erst das werden, was wir nicht sein sollen.

*

Der Wiener wird nie untergehn, sondern im Gegenteil immer hinaufgehn und sichs richten.

*

Immer schon habe ich es draußen in der Welt ungemütlich gefunden. Wenn ich trotzdem so oft hinausgereist bin, so geschah es nur, weil ich es hier gemütlich gefunden habe.

*

Den Ägyptern war der Scarabäus heilig, den Wienern der Zahlkellner. Die unwahrscheinliche Verflossenheit dieser Kultur spricht schon heute in Hieroglyphen. Eine Bilderschrift ergibt etwa den folgenden Sinn: Ein anscheinend den besseren Ständen angehöriger Herr hat während des Essens noch die Geistesgegenwart, dem Zahlkellner einen Witz zu erzählen. Der Zahlkellner schmunzelt befriedigt und revanchiert sich, indem er um den Gast herumgeht, sich über sein Ohr beugt, und ihm eine offenbar gewagte Anekdote einsagt. Das Gesicht des Herrn, auf dem das wachsende Verständnis sich aus nachdenklichen Schatten mählich zu einem strahlenden Ausdruck gesteigert hat, legt sich wieder in Falten: er scheint sich an etwas zu erinnern und beginnt mit vollem Mund sich über die ungenügende Verpflegung in den Schützengräben aufzuhalten . . . Der Zahlkellner war im Rang über den Hohepriester gestellt. Er bezog scheinbar nur dafür Einkünfte, daß man ihm Geld gab; in Wahrheit hatte er Rat und Trost in allen Lebenslagen zu spenden. Ihm nahe im öffentlichen Ansehen kamen die Sänger. Hatte der Zahlkellner auf den Geist der Männer einzuwirken, so sprach der Operettentenor mehr zu den Sinnen der Frauen. In allen Schaufenstern, die man auch Auslagen nannte, prangte sein Bild, selbst in Blumenläden tauchte das anheimelnde Gesicht unvermutet wie eine liebe Schnecke zwischen den Boten des

Frühlings auf, in der Regel sogar mit der eigenhändigen Unterschrift verziert. Als es Krieg gab, erhöhte die Uniform den Reiz dieser an und für sich schon unwiderstehlichen Figuren, denen man dann noch häufiger auf der Straße begegnete als sonst, weil ihre Unentbehrlichkeit für die Damenwelt ihnen von selbst eine Beschäftigung im Hinterland anwies. Das Wesen jener sagenumwobenen Stadt war es, daß der Liebreiz ihrer Sitten noch das Auspeitschenswerteste mit dem Vorzug der Schmackhaftigkeit begnaden konnte.

*

Bei Kriegsausbruch scheint es in Paris zugegangen zu sein, wie in Wien nach Konzertschluß.

*

Es gab Tage in Wien, wo einem eher die Fenster eingeschlagen wurden, wenn man laut sagte, die Franzosen hätten ein Debacle erlitten und wären nun in der Sauce, als wenn man von einer Niederlage der Deutschen gesprochen hätte, die nun in der Tunke wären.

*

In einer aufgeregten Zeit, in der alles durcheinandergeht, kann es leicht geschehen, daß ein Korrespondent von den »Brüsseler Spitzen der Behörden« spricht.

*

Ein kleines Vorstadtcafé in der Nähe des Westbahnhofes, das Café Westminster hieß, damit sich die ankommenden Lords sogleich wie zu Hause fühlten, heißt jetzt Café Westmünster. Das ist ein rührender

Beweis für den guten Willen, die Notwendigkeiten der
veränderten Zeit zu erfassen, und dürfte späterhin auch
eine verdiente Enttäuschung für die auf dem West-
bahnhof wieder ankommenden Lords bedeuten. Die
wern schaun!

*

Der kriegerische Zustand scheint den geistigen
auf das Niveau der Kinderstube herabzudrücken. Nicht
allein, daß jeder recht und der andere angefangen
hat. Nicht nur, daß jeder sich eben das als Einsicht
und Ehre einräumt, was des andern Unbill und
Schande ist, dem andern die Untat vorwirft, die er
selbst begeht, das Unglück vorhält, das er selbst
erleidet, und daß noch die grellste Anschaulichkeit
solcher Kontraste, die in zwei benachbarten Zeitungs-
spalten zusammenstoßen, ihnen nichts von ihrer
Unbefangenheit nehmen kann und immerzu der, dessen
Kartoffeln nur dreimal so teuer wurden, den andern,
dem sie um zwanzig Prozent hinaufgegangen sind, für
ruiniert halten wird. Nicht nur, daß keiner von ihnen
unter allen möglichen Schlüssen, mit denen man eine
verfehlte Sache beenden kann, auch nur den Vernunft-
schluß wählt, der eigene Sieg müsse längst besiegelt
sein, wenn nur der hundertste Teil dessen wahr ist,
was der Tag an feindlichen Verlusten von Macht
und Ehre bringt. Nein, jeder ist auch der Meinung,
daß der »Wille zum Sieg« diesen verbürge und daß
nur er allein diesen Willen zum Sieg habe, während
der andere, offenbar von dem nicht minder ent-
schlossenen Willen zur Niederlage getrieben, mit
knapper Not und mit Anspannung aller Kräfte vielleicht
diese erreichen kann, aber beileibe nicht den Sieg, auf

den er es ja auch gar nicht abgesehen hat, es wäre denn, daß wider Erwarten der am Ende doch allen gemeinsame Wille zum Sieg allen eben diesen verbürgte. Dabei ahnt aber die verfolgende Unschuld nicht, daß tatsächlich der Wille zur Niederlage eine Triebkraft sein könnte, die einen wahren Feldherrn der Kultur zum Triumph der Demut über den expansiven Ungeist führt, und daß jene Sprache gewinnen würde, in deren Verkehrsbereich sich der Zusammensturz des weltbeherrschenden Unwerts endlich vollzieht, damit auch dieser Krieg den Sinn eines Krieges habe. Wenn aber die Sprachen so weit halten, daß dieselbe Rede die Wahrheit des einen und die Wahrheit des andern ist, so lügt nicht einer, sondern beide, und über alle triumphiert wie eh und je der Unwert.

*

Der Witz umarmt die Wirklichkeit, und der Wahnsinn springt auf die Welt. Wie soll man noch erfinden, wenn hinter jeder Fratze ein Gesicht auftaucht und sich selbst zum Sprechen ähnlich findet? Wie soll man übertreiben, wenn die Tatsache zur Karikatur der Übertreibung wird? A und B sind im Streit. Von A erzählt man eine rechtswidrige Handlung. Da man das aber aus irgendeinem Grunde nicht laut sagen darf, so sagt man laut: Wissen Sie schon, welche Rechtswidrigkeit der B wieder begangen hat? Daß B sie wirklich auch begangen haben könnte, daran denkt man dabei nicht. Daß A, seines eigenen Vergehens bewußt, es dem B je zum Vorwurf machen könnte, wenn der es auch begangen hätte, glaubt man gleichfalls nicht. Wenigstens in diesem besonders

argen Fall nicht. Nur die allgemeine Erfahrung, daß
ähnliches wohl schon geschehen sei, ja daß dem B
so viel aufs Kerbholz gesetzt werde, was nur der A
getan hat, berechtigt zu der scherzhaften Verwechslung: »Nein, denken Sie, was bei dem B alles
möglich ist!« Am nächsten Tag erscheint eine Ver-
wahrung des A gegen das Vorgehen des B. Er habe
eben jene Rechtswidrigkeit begangen, in der Reihe
ähnlicher Vergehungen die ärgste. So übernimmt A
selbst die parodistische Methode, mit der man die
Sünden des A dem B zuschiebt, weil man nicht
anders kann. So bleibt nur die Erklärung, daß er
Reue verspürte und in der Hoffnung, man werde ihn
richtig verstehen, sein Verschulden in der Form
beichtete, daß er es dem B zuschob. Hätte B es
wirklich begangen, so müßte ja A mindestens den
gerechten Ausgleich spüren und schweigen. Nicht die
Entrüstung über das, was man selbst auch schon oder
gar nur allein getan hat, bildet die Komik des Falles,
sondern die Pünktlichkeit, mit der eine absichtliche
Entstellung, die der Vorsichtige gebraucht, welcher B
sagen muß, wenn er A meint, von A aufgegriffen
wird. Somit hüte man sich nicht nur, die Wahrheit
zu sagen, man sei auch vorsichtig mit der Lüge,
denn auch sie ist vergeblich und taugt höchstens zum
Possenmotiv.

*

Was die Spione immer verbrechen mögen, die
Landesgrenzen der Ethik werden sie nicht verrücken
können. Immer wird jeder Staat dasselbe Verbrechen,
das er mit dem Tode bestraft, mit Gold aufwiegen.
Darum sollte eine Angelegenheit der Utilität wenigstens

von dem Ballast einer Moralität befreit werden, innerhalb deren ja beide Teile einander nichts vorzuwerfen haben.

*

Es gibt politische Überzeugungen, deren Anhänger lieber gegen sie als für sie sterben.

*

Nie sollte der Bürger das Gefühl haben, daß das Vaterland ein Gut- und Blutegel sei!

*

Diplomatie ist ein Schachspiel, bei dem die Völker matt gesetzt werden.

*

Der Krieg wäre ja ein leidliches Strafgericht, wenn er nicht die Fortsetzung des Deliktes wäre.

*

Der militärische Typus ist der brauchbarste aller im Frieden vorrätigen Typen der Demokratie. Dienst ist die Schranke der zügellosen Unbedeutung. Es ist Pflichterfüllung um ihrer selbst willen. Zucht ist der Anstand der Mittelmäßigkeit. Selbst der Jobber, der einmal dienen muß, anstatt zu gebieten, kommt mit einem bessern, weniger störenden, weniger individuellen, fettloseren Gesicht zurück. Dies ist kein Lob des Krieges, sondern beileibe nur der Strapaz. Der Tod hebt den erreichten Gewinn wieder auf. Nicht daß die Jobber stürben, bewahre! Die Jobber sterben nicht. Aber ich denke, daß der angemaßte Todesglanz den Wert der Turnübung wettmacht. Das

Heldentum der Unbefugten ist die traurigste Aussicht
dieses Krieges. Es wird dereinst der Hintergrund
sein, auf dem sich die vermehrte und unveränderte
Niedrigkeit noch malerischer und vorteilhafter abhebt.

*

Die militärische Daseinsform verträgt sich mit
dem Denken nur als Gelegenheit oder Beruf des edel
Gebornen, den Gefahrenlust oder die Empfindlichkeit
in jedem und somit auch im vaterländischen Ehrbegriffe
zum Schutz des zu solchen Gefühlen untauglichen
Bürgers befähigen, und als Dienst des Söldners. Die
große Neuerung, die Hand in Hand mit der Entwicklung
der technischen Quantität den Bürger selbst unter die
militärische Pflicht gestellt hat, wäre höchstens dort, wo
sie den Vorteil körperlicher Abhärtung ergibt, mit dem
Sinn des Lebens in Übereinstimmung zu bringen. Die
Demokratisierung der Glorie, die Umwandlung des
Opfers zum Tribut, des Rechts, für das Vaterland zu
sterben, in die diesbezügliche Pflicht, ist bisher nur
als der Nutzen eines vermehrten Aufgebots der Körper
in Betracht gezogen, aber in ihren inneren Folgen noch
nicht durchdacht worden. Disziplin ist das erhaltende
Prinzip innerhalb des militärischen Berufs oder des
militärischen Geschäfts, ein zerstörendes innerhalb des
militärischen Zwanges. Wenn das Dienen der Inhalt
der durch moralische oder materielle Ambition
freigewählten Betätigung ist, so findet der Wert kein
anderes Maß als im Rang. Nie kann es da geschehen,
daß ein Hochwertiger einem Minderwertigen zu
gehorchen hat. Denn da — die Gerechtigkeit der
Verwaltung und die Ordnung der Sphäre gerade da

leicht vorausgesetzt — muß der Vorgesetzte, der sein
ganzes Wesen dem Beruf gewidmet hat, menschlich
über dem Subalternen stehen, der desgleichen getan
hat. Kultur ist im letzten Grunde von der restlosen
Aufwendung der Fähigkeiten auf den freigewählten
Beruf bedingt. Nun denke man aber den Fall, daß
— aus einer mißgeleiteten demokratischen Absicht —
ein autokratisches Gesetz zustandekommt, welches den
Gelehrten eines Tages zwingt, als Lehrling bei einem
Tischlermeister einzutreten und ihm außer der Arbeit,
die sein besseres Teil zwar nicht aufbraucht, aber
schädigt, auch noch wo immer die vorschriftsmäßige
Ehrenbezeigung zu leisten. Der Rangunterschied dürfte
hier kaum mit dem Wertunterschied zur Deckung
kommen. Die Fortsetzung dieses Zustands in ein soziales
und seelisches Chaos ist unschwer durchzudenken. Die
demokratische Idee, die es auf die Freiheit aller von
allen abgesehen hat, ist bloß nicht ins Leben umzusetzen.
Aber wenn sie mit dem Zwang aller durch alle vorlieb
nimmt, führt sie sich ad absurdum. Wie kann ein Beruf,
dessen Bereitschaft zu Gefahren Staat und Gesellschaft
mit Recht durch ein Vorrecht belohnt haben, die
Popularisierung ertragen? Oder wie kann die Pflicht,
gleiche Gefahr zu bestehen, auf das Vorrecht verzichten?
Nie konnte ein Subalterner der alten Ordnung unter
dem Gefühl, der höhere Mensch zu sein, leiden, weil
solches Gefühl auch Gelegenheit hatte, ihn bei der
Berufswahl zu beraten und noch die Möglichkeit, die
Berufswahl zu korrigieren. Wohltätig wäre der plötzliche
Zwang, der nur den zuchtlosen Intellekt oder die
freche Habsucht unter das Kommando einer Schablone
beugte, mag auch diese heute im letzten Grunde

nichts anderes bedeuten als die Autorität der Erwerbs-
mächte selbst. Wie soll aber wahres Menschentum, das
solchen Stoßes nicht bedurft hat, in der neuen
Wirklichkeit sich zurecht finden? Und wenns gelingt,
wie kann das Mißverhältnis von Macht und Wert
bestehen bleiben ohne weitere, der Macht nur zu
erwünschte Verkümmerung des Wertes? Wenn die
Demokratie des einzigen Privilegs, das sie noch nicht
hatte, des Privilegs, Zucht zu halten, habhaft wird,
dann kann es zu einem furchtbaren Instrument in
der Hand der Minderwertigkeit werden, zu einem
grausameren als die Waffe selbst. Kein Staat ver-
möchte als einziger dieser Entwicklung Einhalt zu
tun. Aber welcher Gedanke war, da das Menschenleben kurz ist, die Sonne nur einmal scheint und
Haushalten mit der irdischen Glückseligkeit geboten
ist, welcher Gedanke war so verführerisch, alle
zusammen und die Welt selbst auf diese Bahn zu
führen!

*

Die Entwicklung der Technik ist bei der Wehrlosigkeit vor der Technik angelangt.

*

Nie war eine riesenhaftere Winzigkeit das Format
der Welt. Die Tat hat nur das Ausmaß des Berichts,
der mit nachkeuchender Deutlichkeit sie zu erreichen
sucht.

*

Wie geht das nur zu? Die Welt brennt — aber von
den Häuptern jener Lieben, die man schon vorher
täglich gezählt hat, fehlt kein einziges.

*

Welche Torheit, zu glauben, daß die ekelhaftesten Erscheinungen des gesellschaftlichen Hinterlandes nicht die maßgebenden seien! Was wie Oberfläche aussieht, ist in Wahrheit Alles, denn Alles drängt zur Oberfläche. Was geopfert wird, war gesünder als das, was bleibt: diesem wurde es geopfert. Wie? Der deutsche Michel ist für die Schmach der Großstadt nicht verantwortlich? Aber er dient ihr, für sie blutet er. Denn alles wird Großstadt und Schmach. Der Thüringer, in die Maschine geworfen, stirbt oder wird Berliner. Umgekehrt gehts nicht und zurück ginge es auch nicht mehr. Der deutsche Michel ist das Rohmaterial. Die Fertigware, auf die es ankommt, ist der deutsche Koofmichel.

*

La bourse est la vie.

*

Die Feldpost bewährt sich. Sie hat schon jetzt die seelische Verbindung zwischen den Taten und dem Hinterland überlebt.

*

Nichts hat sich geändert, höchstens, daß man es nicht sagen darf.

*

Jetzt sprechen hat entweder zur Voraussetzung, daß man keinen Kopf hat, oder zur Folge.

*

Ich bin dafür, daß man den Leuten verbietet, das, was ich denke, zu meinen.

*

Die Menschheit würde vom Krieg statt einer Extraausgabe einen Denkzettel behalten, wenn sie durch den Krieg verhindert würde, jene zu bekommen.

*

Einer saß am Klavier, nach ein paar Tagen traf ihn ein Schuß ins Herz... Ein Verstümmelter mit zuckendem Gesicht schleppt sich vorbei... Wie gut blickt jener, der dort hinkt, als möchte er dem schnellen Passanten sagen: Alles kam, ich weiß nicht wie, ich war ja bereit für euch, nun finde ich mich nicht mehr zurecht unter euch, dem Tod entkam ich, bitte, wie kommt man hier durchs Leben? Weicht nie mehr dieser Brand von meinem Auge, nie diese Höllenmusik aus meinem Ohr? . . . Zwei Leiber, die nicht Narben, sondern Lieferungen haben, eilen vorüber. Es fällt das Wort: »Friedensrisiko«.

*

Ich sah einen, dessen Gesicht gedieh, wurde breit und breiter, bis es aufging wie ein lachender Vollmond über dem blutigen Zeitvertreib der Erde. Solcher Monde so viele zählte schon der Krieg.

*

Wenn man dem Teufel, dem der Krieg seit jeher eine reine Passion war, erzählt hätte, daß es einmal Menschen geben werde, die an der Fortsetzung des Krieges ein geschäftliches Interesse haben, das zu verheimlichen sie sich nicht einmal Mühe geben und dessen Ertrag ihnen noch zu gesellschaftlicher Geltung verhilft — so hätte er einen aufgefordert, es seiner Großmutter zu erzählen. Dann aber, wenn er sich von der Tatsache überzeugt hätte, wäre die Hölle vor Scham erglüht und er hätte erkennen müssen, daß er sein Lebtag ein armer Teufel gewesen sei!

\*

Wenn man von einem Krieg der Quantitäten spricht, bejaht man scheinbar die Notwendigkeit des Krieges als solchen, der ja immerhin das Problem der Übervölkerung auf eine Zeit in Ordnung bringen mag. Aber wäre dieser edle Zweck nicht schmerzloser durch die Freigabe der Fruchtabtreibung zu erreichen? »Dazu würde die herrschende Moralauffassung« — höre ich eben diese sagen — »nie ihre Zustimmung geben!« Das habe ich mir auch nicht eingebildet, da die herrschende Moralauffassung nur dazu ihre Zustimmung gibt, daß Frauen Kinder bekommen, damit diese von Fliegerbomben zerrissen werden!

\*

Ein Franktireur ist ein Zivilist, der mit Absicht einen Bewaffneten angreift. Ein Flieger ist ein Bewaffneter, der durch Zufall einen Zivilisten tötet.

\*

Der Humor eines Kegelklubs wirft, wenns sein muß, auch Bomben mit Witzen.

\*

Als tausende Menschen in den schauerlichsten Tod versunken waren, erhob sich von einer Wiener Operettenbühne der Witz zu den Sternen: »Dös warn die ramasurischen Sümpfe« — und eine Stadt, der es bestimmt ist, immerdar nicht unterzugehen, lachte. Ein Sumpf, der Menschenleiber trägt, warf sich in Bauchfalten und lachte. Ein Riesenbauch, dem keine Gefahr aufstößt, wand sich lachend, gekitzelt von einem Juden, geschützt vor den Einfällen des Weltlaufs, und lachte, und siehe, eine gemütliche Pratzen streckte sich der Schicksalshand entgegen und sagte: Mir wern kan Richter brauchen! Und hielt sie fest. Darob verwunderten sich die Sterne.

\*

Alles was geschieht, geschieht für die, die es beschreiben, und für die, die es nicht erleben. Ein Spion, der zum Galgen geführt wird, muß einen längeren Weg gehen, damit die im Kino Abwechslung haben, und muß noch einmal in den photographischen Apparat starren, damit die im Kino mit dem Gesichtsausdruck zufrieden sind. Schweigen wir. Beschreiben wir es nicht, die es erlebten. Es ist ein dunkler Gedankengang zum Galgen der Menschheit, ich wollte ihn als ihr sterbender Spion nicht mitmachen. Und muß, und zeige ihr mein Gesicht! Denn mein herzbeklemmendes Erlebnis ist der horror vor dem vacuum, das diese unbeschreibliche Ereignisfülle in den Gemütern, in den Apparaten vorfindet.

\*

Ich glaube: Daß dieser Krieg, wenn er die Guten nicht tötet, wohl eine moralische Insel für die Guten herstellen mag, die auch ohne ihn gut waren. Daß er aber die ganze umgebende Welt in ein großes Hinterland des Betrugs, der Hinfälligkeit und des unmenschlichsten Gottverrats verwandeln wird, indem

das Schlechte über ihn hinaus und durch ihn fort-
wirkend, hinter vorgeschobenen Idealen fett wird
und am Opfer wächst. Daß sich in diesem Krieg,
dem Krieg von heute, die Kultur nicht erneuert,
sondern nur durch Selbstmord vor dem Henker rettet.
Daß er mehr war als Sünde: daß er Lüge war,
tägliche Lüge, aus der Druckerschwärze floß wie
Blut, eins das andere nährend, auseinanderströmend,
ein Delta zum großen Wasser des Wahnsinns. Daß
dieser Krieg von heute nichts ist als ein Ausbruch
des Friedens, und daß er nicht durch Frieden zu
beenden wäre, sondern durch den Krieg des Kosmos
gegen diesen hundstollen Planeten! Daß Menschenopfer unerhört fallen mußten, nicht beklagenswert,
weil sie ein fremder Wille zur Schlachtbank trieb,
sondern tragisch, weil sie eine unbekannte Schuld
zu büßen hatten. Daß für einen, der das beispiellose
Unrecht, das sich noch die schlechteste Welt zufügt,
als Tortur an sich selbst empfindet, nur die letzte
sittliche Aufgabe bleibt: mitleidslos diese bange
Wartezeit zu verschlafen, bis ihn das Wort erlöst
oder die Ungeduld Gottes.

»Auch Sie sind ein Optimist, der da glaubt und
hofft, daß die Welt untergeht.«

Nein, sie verläuft nur wie mein Angsttraum, und
wenn ich erwache, ist alles vorbei.

# VI
## Nachts

In der Schöpfung ist die Antithese nicht beschlossen. Denn in ihr ist alles widerspruchslos und unvergleichbar. Erst die Entfernung der Welt vom Schöpfer schafft Raum für die Sucht, die jedem Gegenteil das verlorene Ebenbild findet.

*

Witz und Glaube wurzeln beide im größten Kontrast. Denn einen größeren als den zwischen Gott und Gottes Ebenbild gibt es nicht.

*

Ich muß wieder unter Menschen gehen. Denn zwischen Bienen und Löwenzahn, in diesem Sommer, ist mein Menschenhaß arg ausgeartet.

*

Flucht in die Landschaft ist verdächtig. Die Gletscher sind zu groß, um unter ihnen zu denken, wie klein die Menschen sind. Aber die Menschen sind klein genug, um unter ihnen zu denken, wie groß die Gletscher sind. Man muß die Menschen zu diesem und nicht die Gletscher zu jenem benützen. Der Einsame aber, der Gletscher braucht, um an Gletscher zu denken, hat vor den Gemeinsamen, die unter Menschen an Menschen denken, nur eine Größe voraus, die nicht von ihm ist. Gletscher sind schon da. Man muß sie dort erschaffen, wo sie nicht sind, weil Menschen sind.

*

Quallen, Würmer und Medusen lagen oft auf dem Strand. Wenn ich sie beschien, spielten sie alle Farben. Wenn ich ging, waren sie schmutzig. Sie wollten ihre Persönlichkeit behaupten. Sie beneideten dann Weichtiere, die eine Schale hatten und keiner Farbe fähig waren, aber eines Zwecks. Es waren dennoch Weichtiere und Schaltiere. Genießbar war keine all der Arten. Keine Auster habe ich gefunden.

\*

Ich geriet einst auf einer Partie in Norwegen, die als lohnend empfohlen wurde, in sumpfige Gegend, rettete mich auf einen Baumstrunk und verharrte so, bis ich wieder Kraft hatte, den sicheren Weg zu suchen . . . Ich weiß nicht, ob ich ihn gefunden habe . . . Dennoch, lange tauchte die grausige Erinnerung nicht auf. Bis man mir eines Tages zuredete, in eine Gesellschaft zu gehen, in der ich gut aufgehoben und von lauter »Verehrern« umgeben wäre . . . Ringsum nichts als Verehrer. Die Gegend gibt nach, wenn ich auftrete. Justament gibt sie nach. Ich stehe auf einem Baumstrunk. Da sagt man mir, diese Exklusivität sei schlecht angebracht, denn ich brauchte doch nur einen Schritt zu machen und wäre mitten drin unter den Verehrern . . . Seither spaziere ich im Karst, wo einem das nicht passieren kann.

\*

Als Kind träumte mir oft von Menschen, die nur aus Haut waren, und die war löcherig. Ich habe später nichts mehr hineingetan.

\*

Bei den meisten Menschen dringe ich bis zur Seele nicht vor, sondern zweifle schon an den Eingeweiden.

Denn ich kann nicht glauben, daß dieser wundervolle Mechanismus erschaffen wurde, um einen Kommerzialrat zusammenzustellen, und erst durch Obduktion lasse ich mich davon überzeugen, daß ein Wucherer eine Milz hat.

*

In der Berliner Passage wächst kein Gras. Es sieht so aus, wie nach dem Weltuntergang, wiewohl noch Leute Bewegungen machen. Das organische Leben ist verdorrt und in diesem Zustand ausgestellt. Kastans Panoptikum. Oh, ein Sommersonntag dort, um sechs Uhr. Ein Orchestrion spielt zur Steinoperation Napoleons III. Der Erwachsene kann den Schanker eines Negers sehen. Die unwiderruflich letzten Azteken. Öldrucke. Strichjungen mit dicken Händen. Draußen ist das Leben: ein Bierkabaret. Das Orchestrion spielt: Emil du bist eine Pflanze. Hier wird der Gott mit der Maschine gemacht.

*

In Wien, grünenden Lebens voll, welken die Automaten.

*

(Georg Trakl zum Dank für den Psalm.) Siebenmonatskinder sind die einzigen, deren Blick die Eltern verantwortlich macht, so daß diese wie ertappte Diebe dasitzen neben den Bestohlenen. Sie haben den Blick, der zurückfordert, was ihnen genommen wurde, und wenn ihr Denken aussetzt, so ist es, als suchte es den Rest, und sie starren zurück in die Versäumnis. Andere gibt es, die denkend solchen Blick annehmen, aber den Blick, der dem Chaos erstatten möchte,

was sie zu viel bekommen haben. Es sind die Voll-
kommenen, die fertig wurden, als es zu spät war.
Sie sind mit dem Schrei der Scham auf eine Welt
gekommen, die ihnen nur das eine, erste, letzte
Gefühl beläßt: Zurück in deinen Leib, o Mutter, wo
es gut war!

*

Alles was recht ist, sagen sie, aber es fehlt
mir an Liebe, sagen sie, an Liebe zur Menschheit.
Das müssen wohl arge Pessimisten sein, die die
vorhandene Kollektion schon für die denkbar beste
halten! Oder arge Idioten, die Jenen einen
Schmetterlingsfeind nennen, dem beim Gedanken an
einen toten Admiral die Kohlweißlinge zu viel werden.

*

Das Martyrium war ehedem der Lohn der Erkenntnis. Jetzt muß es verkehrt sein: der Gedanke
belohnt die Qual und straft die Quäler. Unter den
Lanzenstichen, die sie austeilen, entsteht, was sie
peinigt!

*

Oft ritze ich mit der Feder meine Hand und weiß
erst dann, daß ich erlebt habe, was geschrieben steht.

*

Wenn ich einschlafen will, muß ich immer erst
eine ganze Menagerie von Stimmen zum Kuschen
bringen. Man glaubt gar nicht, was für einen Lärm
die in meinem Zimmer machen.

*

Selbstrettung der Selbstmörder: Die Schlechtigkeit verwechselt meine Beweggründe, sie zu hassen,
mit ihren Beweggründen, schlecht zu sein. Indem

sie an mich nicht glaubt, erspart sie, an sich zu
verzweifeln.

*

Man hat mich oft gebeten, gerecht zu sein und
eine Sache von allen Seiten zu betrachten. Ich habe
es getan, in der Hoffnung, daß eine Sache vielleicht
dadurch besser werden könnte, daß ich sie von
allen Seiten betrachte. Aber ich kam zu dem gleichen
Resultat. So blieb ich dabei, eine Sache nur von
einer Seite zu betrachten, wodurch ich mir viel
Arbeit und Enttäuschung erspare. Denn es ist
tröstlich, eine Sache für schlecht zu halten und sich
dabei auf ein Vorurteil ausreden zu können.

*

Wenn sich die Schlange vor mir auch windet —
ich zweifle doch an ihrer Zuverlässigkeit.

*

Wenn man so zwischen Ab- und Zuneigung
hindurchleben muß, nur darum, weil man sich das
Leben nicht leicht gemacht hat, so möchte man wohl
zu der Bitte ein Recht haben, daß sich das Publikum
zerstreuen und jede Unruhestörung vermeiden möge.

*

Wort und Wesen — das ist die einzige Verbindung,
die ich je im Leben angestrebt habe.

*

Auf dem Weg, auf dem man zu sich kommt,
steht auch noch ein lästiges Spalier von Neugierigen,
die wissen möchten, wie es dort aussieht.

*

Wir alle haben keine Zeit. Ich hatte so viel zu
tun, was den Leuten oberflächlich gefiel, daß ich am
Ende vielen eine gründliche Enttäuschung schuldig
geblieben sein werde. Wenn nicht auch sie so viel
zu tun hätten, was mir gründlich mißfällt, wären
wir längst miteinander im Reinen.

*

Was sich alles entpuppen kann: ein Schurke
und ein Schmetterling!

*

Ich höre Geräusche, die andere nicht hören und
die mir die Musik der Sphären stören, die andere
auch nicht hören.

*

Woodie, ein kleiner Hund mit langen Haaren,
den ich persönlich gekannt habe, er lachte, wenn
die Menschen zu ihm sprachen, und weinte, weil er
mit ihnen nicht sprechen konnte, und sein Blick war
für sich und sie der Dank der Kreatur — ist von einem
Automobil getötet worden. Wer hatte es so eilig.
Soll das bißchen Raum zwischen Menschenleibern,
das solch ein Passant in Anspruch nahm — er konnte
sich eng machen wie eine Schlange — nun besser
verwendet werden? Die Würdigen büßen dafür, daß
die andern unwürdig fortleben. Warum doch, da auch
dieses Beispiel die Schlechten nicht bessert? Jener
ging seines Weges und starb daran. Als die Frau
sich umwandte, lag er in der Sonne. Wo Leben keine
Worte hatte, bleibt viel Stille zurück.

*

Ich kannte einen Hund, der war so groß wie ein Mann, so arglos wie ein Kind und so weise wie ein Greis. Er schien so viel Zeit zu haben, wie in ein Menschenleben nicht geht. Wenn er sich sonnte und einen dabei ansah, war es, als wollte er sagen: Was eilt ihr so? Und er hätte es gewiß gesagt, wenn man nur gewartet hätte.

*

Wenn Tiere gähnen, haben sie ein menschliches Gesicht.

*

So würdig wie das Pferd die Schmach, erträgt sein Herr die Würde nicht.

*

Die Undankbarkeit steht oft in keinem Verhältnis zur empfangenen Wohltat.

*

Pedanterie ist ein Zustand, an dem sich entweder der Mangel entschädigt oder die Fülle beruhigt. Wie Perversität ein Minus oder ein Plus ist. Hinter dem Pedanten steht zuweilen ein Phantast, der Stützpunkte sucht, um es so recht sein zu können. Pedant ist nicht nur, wer im Außen lebt, sondern auch einer, der sich außen schützt, um sich besser zu verlieren.

*

Es gibt parasitäre Eindrücke, die im Urteil nisten bleiben und Erinnerungen aufschließen, aber so wenig zur Kunst gehören wie die Laus zur Liebe.

Ich war auch einmal jung, rief einer, als von
Läusen die Rede war.

*

Der Einsame: Nichts ist ein besserer Ersatz für
die Liebe als die Vorstellung.

Das Echo: Nichts ist ein besserer Ersatz für
die Liebe als die Vorstellung.

*

Musik sei mir nur eine leise Anspielung auf
Gedanken, die ich schon habe und wieder haben
möchte.

*

An vieles, was ich erst erlebe, kann ich mich
schon erinnern.

*

Oft bin ich nah der Sprachwand und empfange
nur noch ihr Echo. Oft stoße ich mit dem Kopf an
die Sprachwand.

*

Die Entschuldigung: »Das ist ihm so in die
Feder geflossen« — mein Ehrentitel. Die Anerkennung:
»Das fließt ihm nur so aus der Feder« — mein
Vorwurf. Aus der Feder fließt Tinte: das ist tüchtig
und ein Verdienst. In die Feder fließt ein Gedanke:
dafür kann man nicht, es ist eine Schuld von tieferher.

*

Eines Dichters Sprache, eines Weibes Liebe —
es ist immer das, was zum erstenmal geschieht.

*

Ein Sprichwort entsteht nur auf einem Stand der Sprache, wo sie noch schweigen kann.

\*

Umgangssprache entsteht, wenn sie mit der Sprache nur so umgehn; wenn sie sie wie das Gesetz umgehen; wie den Feind umgehen; wenn sie umgehend antworten, ohne gefragt zu sein. Ich möchte mit ihr nicht Umgang haben; ich möchte von ihr Umgang nehmen; die mir tags wie ein Rad im Kopf umgeht; und nachts als Gespenst umgeht.

\*

Man glaubt gar nicht, was für eine Holzhacker-arbeit diese geistige Tätigkeit ist. Das Wortspalten, eh' man euch Feuer macht! — Sich selbst? Wie hirnverbrannt! Man hat Feuer, es brennt schon, und dann erst, dadurch erst, immer weiter das Wortspalten!

\*

Das Unverständliche in der Wortkunst — in den anderen Künsten verstehe ich auch das Verständliche nicht — darf nicht den äußeren Sinn berühren. Der muß klarer sein, als was Hinz und Kunz einander zu sagen haben. Das Geheimnisvolle sei hinter der Klarheit. Kunst ist etwas, was so klar ist, daß es niemand versteht. Daß über allen Gipfeln Ruh' ist, begreift jeder Deutsche und hat gleichwohl noch keiner erfaßt.

\*

Sie sind nicht imstande, einem Wort Leben zu geben. Wenn ich »Hugo Heller« sage, ist mehr

Mysterium darin als in allen transzendenten Redensarten, die die modernen Dichter zu Gedichten
zusammenlesen.

*

Worüber ich nicht wegkomme: Daß eine ganze
Zeile von einem halben Menschen geschrieben sein
könne. Daß auf dem Flugsand eines Charakters ein
Werk erbaut wäre.

*

Kein Erlebnis könnte spannender sein als die
Enthüllung eines Dichters. Wie sich allmählich die
Distanz zwischen seinen echtesten Zeilen und dem
Menschen aufzutun beginnt.

*

An dem Unechten ist das Echte einer Steigerung
fähig.

*

Ein grauenhaftes Verhängnis hat mich bestimmt,
den Schein zu vergrößern, ehe ich ihn unter
meinen Blicken vergehen lasse.

*

Die Dinge, die jeden angehn, sind gar un-
interessant. Es ist am besten, sich auf die Wirkung
zu verlassen, die sie auf die andern gemacht haben.

*

Alles anklagen ist Einheit. Alles vertragen ist
Kleinheit. Zu allem ja sagen, ist Gemeinheit.

*

»Das Leben geht weiter«. Als es erlaubt ist.

\*

Die Moral, die eine Übertragung von Geschlechts-
krankheiten zum Verbrechen machen sollte, verbietet
zu sagen, daß man eine hat. Darum ist der Menschheit
nicht Wissen und Gewissen ins Blut übergegangen,
sondern eben das, was gewußt werden sollte.

\*

Den Mangel, daß das Genie einer Familie entstammt, kann es nur dadurch wettmachen, daß es
keine hinterläßt.

\*

Die Kinder der Leute laufen um wie die Kalauer,
die nicht unterdrückt wurden. Es sind die unfruchtbaren
Witze der Unfruchtbaren, lästig den Erzeugern.

\*

Kindspech ist eben das, womit man auf die
Welt kommt.

\*

Ein dick aufgetragener Vaterstolz hat mir immer
den Wunsch eingegeben, daß der Kerl wenigstens
Schmerzen der Zeugung verspürt hätte.

\*

Eros hat Glück in der Liebe. Verschwendung
schafft ihm Zuwachs; Kränkung Ehre. Füge ihm einen
Tort zu, es wird ihm eine Lust sein; lästere ihn, es
geht zu seinem Frommen aus. Alles darfst du ihm
antun, nur nicht ihm deine Meinung ins Gesicht sagen.
Er ist nicht wehleidig, aber auch nicht wißbegierig.

Er ist nur neugierig, und will es selbst herauskriegen.
Wenngleich du alles besser weißt als er, dieses wisse:
daß er an allem in der Welt beteiligt ist, nur nicht
an der Langeweile. Das Geheimnis, das du vor ihm
hast, wird er mit dir teilen; aber deine Wissenschaft
verschmäht er.

*

Jeder meiner Gedanken, die es auf die erotische
Freiheit abgesehen haben, hat sich noch stets vor
der Welt geschämt: vor jenen und jener geschämt,
die ihm Geschmack abgewinnen wollten. Die einem
darin unrecht geben, haben recht. Die einem darin
recht geben, haben nicht Zeitgenossen zu sein. Solche
mögen dem Gedanken nachdenken, aber es ist vom
Übel, wenn sie ihm nachleben, und ein Greuel, wenn
sie ihn nachsagen. Das geistige Erlebnis bleibt, auch
Wort geworden, eine Privatsache. Wie erst, wenn es
der Liebe entstammt!

*

Wider besseres Wissen die Wahrheit zu sagen,
sollte für ehrlos gelten.

*

Mein Unbewußtes kennt sich im Bewußtsein eines
Psychologen weit besser aus als dessen Bewußtsein
in meinem Unbewußten.

*

Es mag Kriege gegeben haben, in denen
Körperliches für Geistiges eingesetzt wurde. Aber nie
zuvor hat es einen gegeben, in dem nur die Abwesenheit des Geistigen verhindert hat, dieses für Körperliches einzusetzen.

*

Unter den vielen deutschen Dingen, die jetzt
auf — ol ausgehen, dürfte Odol noch immer wünschens-
werter als Idol sein.

*

Um in einem kriegführenden Land eine Grenz-
übertrittsbewilligung zu erhalten, braucht man einen
»triftigen Grund«. Ich wäre in Verlegenheit, keinen
zu finden.

*

»Wie können Sie so mit den Engländern sym-
pathisieren? Sie können ja nicht einmal englisch.«
»Nein, aber deutsch!«

*

Da wird aus Amsterdam gemeldet, die rücksichts-
losen Engländer hätten ein neutrales Schiff durch-
sucht und den Koffer einer Holländerin verdächtig
gefunden, in welchem sich auch tatsächlich ihr Gatte,
ein armer Deutscher, der erblindet war, befunden
habe; ohne Gnade sei er verhaftet worden. Ob das
Gerücht nun auf dem ehrlichen Weg eines Miß-
verständnisses entstanden ist oder ob der Bericht
ein blinder Passagier war, den man in die Schiffs-
ladung des solchen Zufällen ausgesetzten Zentralorgans
deutsch-österreichischer Intelligenz geschmuggelt
hatte — der Fall beweist so augenfällig, daß es ein
blinder Passagier sehen muß: wie bewegt die Handlung
wird, sobald man den Weg aus der Phrase wieder
zurück ins Leben nimmt. In der Geschichte der
Kriegslüge eines der anschaulichsten Beispiele. Ein
Deutscher hat eine Seereise als blinder Passagier
in einem Koffer mitmachen wollen; aber wenn man

eine Redensart auspackt, kann es leicht geschehen, daß so einer zum Vorschein kommt.

\*

Die Redensart wird durch tausend Röhren ins Volksbewußtsein geleitet. Ein verwundeter Soldat, der sicherlich nie ein Buch, wohl auch keine Zeitung gelesen hatte, war doch des Tonfalls habhaft, mit dem ein gutes Gewissen Abschied nimmt. »Jetzt kann ich ruhig sterben,« sagte er, »vierzehn hab i heut umbracht!«

\*

Dreifachem Reim entziehe sich die Welt: dem Reim auf Feld und Geld und Held.

\*

Nein, der Seele bleibt keine Narbe zurück. Der Menschheit wird die Kugel bei einem Ohr hinein und beim andern herausgegangen sein.

\*

Über den erhofften seelischen Gewinn des heimkehrenden Kriegers hat ein deutscher Professor der Psychologie den tiefsten Aufschluß gegeben: »Die psychische Umschaltung tritt schon in der Etappe ein.« Das wird einmal klappen, wie eben ein Wunder der Technik.

\*

Wie erklärt sich die Gewalttätigkeit der Schwäche? Der Blutdurst der Nüchternheit? Seltsam verknüpft es sich: Hysterie und Tauglichkeit zur neuen Waffe.

Was beide tun, wenn sie den Feind vernichten wollen, ist leichter Dienst bei der schweren Artillerie.

\*

Die Seele ist von der Technik enteignet. Das hat uns schwach und kriegerisch gemacht. Wie führen wir Krieg? Indem wir die alten Gefühle an die Technik wenden. Wie treiben wir Psychologie? Indem wir die neuen Maße an die Seele legen.

\*

Der neue Krieg mit der so entwickelten Waffe wird nicht durch Siege entschieden, sondern anders. Und führten ihn auch Völkerschaften, die Menschenfleisch essen. Denn auch unter solchen wäre jener Teil der Sieger, der dem andern um ein Mittagmahl voraus ist. Aber diese Frage muß offen bleiben, weil Menschenfresser einen Krieg nicht mit der so entwickelten Waffe führen würden.

\*

Heldentum ist heute der Zwang, den Tod zu erwarten. Ist Delinquententum nicht der leichtere, da seine Galgenfrist für Tapferkeit die kürzere ist? Ist Mut auch der Wille, der den Zwang verhängt? Dieser läßt nur noch die Freiheit, anonym den Tod über den andern zu verhängen. Ist auch dieses Mut? Werden die Völker nicht künftig, wenn sie einander gegenübertreten wollen, weil Menschennatur und Exportinteressen solches erfordern, vorziehen, es Aug in Aug zu tun und der Maschine nur bis zu dem Punkt ihrer Entwicklung Gefolgschaft zu leisten, wo sie, wenn in Teufels Namen schon gegen eine Quantität, doch noch gegen eine sichtbare Quantität losgeht?

*

Wenn Mut überhaupt im Bereich physischer Auseinandersetzungen denkbar ist, so könnte er wohl eher dem Unbewaffneten zuzuschreiben sein, der dem Bewaffneten gegenübersteht, als umgekehrt. Die so entwickelte Waffe bedingt es nun, daß der Mensch im neuen Kriege zugleich bewaffnet und unbewaffnet ist, indem er doch eine Waffe gebraucht, gegen die er persönlich wehrlos ist, zugleich ein Feigling und ein Held. Es sollte in diesem Stadium der Entwicklung, wenn nichts anderes, das ornamentale Wesen des Säbels auffallen, einer Waffe, die etwa noch im Frieden Verwendung finden könnte. So mag dereinst ein Flammenwerfer zur Montur gehören, wenn anders der Fortschritt der Menschheit weiter auf das Ingenium des Ingenieurs angewiesen bleibt. Aber es ist wohl zu hoffen, daß die Menschheit, wenn sie den Ehrgeiz hat, sich die Rauflust zu erhalten, sich eines Tages entwaffnen und versuchen wird, wieder ohne die Ingenieure Krieg zu führen.

*

Schwer wird es dem Gedanken, Gasmaske und Panier zu verbinden. Die neue Waffe setzt den höchsten Mut bei dem voraus, den sie bedroht, und die höchste Feigheit bei dem, der sie anwendet. Diese wird nicht durch den Umstand entschuldigt, daß sie auf die gleiche Art bedroht ist, und jener wirbt nicht um Bewunderung, sondern um Mitleid.

Die Menschheit wird sich nach diesem Kriege fragen, wie es möglich war, daß er nicht von Sklaven, sondern von Soldaten geführt wurde, und staunen, daß damals nicht jeder, der bei der Waffe blieb, wegen Feigheit vor dem Feind ausgestoßen worden ist. Aber vielleicht wird man wenigstens dann die Ausstoßung der Armee aus dem Armeeverband in Erwägung ziehen.

*

Da Ornament und Redeblume am liebsten von einer Zeit getragen werden, deren Wesen dem verlorenen Sinn dieser Formen widerstrebt, und umso lieber, je weiter sie jenem Sinn entwachsen ist, ihr eigener Inhalt aber nie imstande sein wird, neue Ornamente und Redeblumen zu schaffen, so wird ein Staat noch »zum Schwerte greifen«, wenn es ihm schon längst geläufig sein wird, zum Gas zu greifen. Kann man sich denken, daß solcher Entschluß je zur Redensart werden könnte? Es sollte Aufschluß über die Technik geben, daß sie zwar keine neue Phrase bilden kann, aber den Geist der Menschheit in dem Zustand beläßt, die alte nicht entbehren zu können. In diesem Zweierlei eines veränderten Lebens und einer mitgeschleppten Lebensform lebt und wächst das Weltübel. Die Zeit ist nicht phrasenbildend, aber phrasenvoll; und eben darum, aus heillosem Konflikt mit sich selbst, muß sie immer wieder zum Schwerte greifen. Die neue Begebenheit wird keine Redensart hervorbringen, wohl aber die alte Redensart die Begebenheit!

*

Seitdem der Raufhandel eine Handelsrauferei geworden ist, sollte Hektor wieder bei der Andromache zu finden sein, seinen Kleinen lehren Speere werfen und vor allem die Götter ehren.

\*

»Den Weltmarkt erobern«: weil Händler so sprachen, mußten Krieger so handeln. Seitdem wird erobert, wenngleich nicht der Weltmarkt.

\*

Ihr höret lange schon den neuen Klang im Namen »Siegfried«. Denkt solchen euch nun als den Sieger der Welt und bereuet die Glorie!

\*

Der deutsche Geist wird, solange er nicht der Verbindung von Ware und Wunder zu Gunsten eines der beiden Faktoren entsagt, die Welt vor den Kopf stoßen, wobei die Absicht die geringere Schuld wäre.

\*

Das Verlangen der Feinde nach Auslieferung der deutschen Artillerie ist ein Wahnsinn. Logisch wäre nur das Verlangen nach Auslieferung der deutschen Weltanschauung, und dieses ist unerfüllbar.

\*

Was ist das nur? Wie schal schmeckt das Leben, seitdem es ein Ding wie »Mannesmannröhren« gibt. Wenn's irgendwo so organisatorisch klappt, so halten sie wohl Mannesmannszucht.

\*

Das ist es, was die Welt rebellisch macht: Überall ist Firma, aber dahinter vielleicht doch, unseren Blicken unsichtbar, ein Firmament. Überall ist Ware, aber dahinter vielleicht doch noch, unbehelligt, das Wunder. Weil wir's nicht sehen, sagen wir, es seien Materialisten. Wir aber haben vom idealen Lebenszweck den Namen genommen, um ihn dem Lebensmittel zu geben, dem Schweinespeck. Unser totsicheres Ingenium hat den Idealen den Skalp abgezogen und dem Leben den Balg und verwendet sie als Hülle, Marke und Aufmachung. Wir sind die Idealisten. Und gegen diesen Zustand, das im Munde und im Schilde zu führen, wovon wir bestreiten, daß es der andere im Herzen habe, weil er es nicht im Munde und im Schilde führt, während doch schon dies ein Zeichen für jenes ist und die Lebensgüter eben in der Trennung von Leben und Gütern gedeihen und in der Verbindung verdorren — gegen diesen Zustand lehnt sich ein Instinkt auf, der im politisch offenbarten Bewußtsein der Völker als Neid, Raubgier, Revanchelust, unter allen Umständen aber als Haß in Erscheinung tritt. Es ist der Haß gegen den Fortschritt und gegen die eigene Möglichkeit, ihm zu erliegen. Es ist nicht allein der Stolz, nicht so zu sein wie diese, sondern auch die Furcht, so zu werden wie diese. Es ist das europäische Problem; das aber vermutlich erst von einer nichtbeteiligten Seite gelöst werden wird.

\*

Nicht genug daran, daß es eine Zeit gibt, gibt es auch eine große Zeit, die neuestens auch eine neue Zeit ist. Eine solche sollte doch eigentlich eine freie Zeit sein. Es dürfte sich aber herausstellen, daß sie wie die kleine Zeit und wie die alte Zeit nur eine neue freie Zeit ist.

*

Sollte »Schlachtbank« nicht vielmehr von der Verbindung der Schlacht mit der Bank herkommen?

*

Was jetzt die größte Rolle spielt, das spielt jetzt keine Rolle: Blut und Geld.

*

Nein, den Generaldirektoren braucht ihr Braven nicht die vorschriftsmäßige Ehrenbezeigung zu leisten. Wenngleich sie euch in den Krieg geführt haben.

*

Schulter an Schulter: »Nanu?« »Nu na!«

*

»Vater, Brot!« »Kinder, Rußland verhungert!«

*

Der Zensor verbot eine Stelle, die den Titel führte: So leben wir alle Tage. Ich fragte, ob ich (ohne der Wahrheit etwas zu vergeben) der Erlaubnis vielleicht näherkäme mit dem Titel: So lesen wir alle Tage. Er fand aber mit Recht, daß es dasselbe sei.

*

Zensur und Zeitung — wie sollte ich nicht zugunsten jener entscheiden? Die Zensur kann die

Wahrheit auf eine Zeit unterdrücken, indem sie ihr das Wort nimmt. Die Zeitung unterdrückt die Wahrheit auf die Dauer, indem sie ihr Worte gibt. Die Zensur schadet weder der Wahrheit noch dem Wort; die Zeitung beiden.

\*

Klerus und Krieg: man kann auch den Mantel der Nächstenliebe nach dem Winde hängen.

\*

Man sollte sich eigentlich entschließen, zuzugeben, daß Patriotismus eine Eigenschaft ist, die in allen kriegführenden Staaten vorkommt. Wenn man einmal bis zu dieser Erkenntnis vorgedrungen ist, könnte der Moment eintreten, wo man dem Feinde manches zugutehält, und es wäre vielleicht eine Verständigung auf der Basis möglich, daß, wenn einer um eines Betragens willen, das ihn zum Schuft macht, zugleich ein Ehrenmann ist, alle nicht nur von sich, sondern auch von einander sagen könnten, daß sie Ehrenmänner seien, wenn sie auch noch nicht so weit vorgeschritten sein mögen, zu wissen, daß sie eigentlich doch Schufte sind.

\*

Wer den Patrioten des andern Landes für einen Lumpen hält, dürfte ein Dummkopf des eigenen sein.

\*

Es mag wohl in allen Staaten Kriegsgewinner geben, die wirklich nur daran denken, daß der Krieg gewonnen werde, und die, fern jeglichem Wunsch

nach einer Bereicherung, größere Menschenopfer nur
schweren Herzens und in der Hoffnung hinnehmen,
späterhin dadurch doch größeren Geldopfern zu entgehen. Diese aufopfernde Gesinnung, aus der sie sich
nicht selbst, sondern einander den größten Vorwurf
machen, nennt man in allen Staaten Patriotismus.

*

Eine Heimat zu haben, habe ich stets für rühm-
lich gehalten. Wenn man dazu noch ein Vaterland
hat, so muß man das nicht gerade bereuen, aber
zum Hochmut ist kein Grund vorhanden, und sich gar
so zu benehmen, als ob man allein eines hätte und
die andern keins, erscheint mir verfehlt.

*

Daß die Lüge mit ihren kurzen Beinen jetzt
gezwungen ist rund um die Welt zu laufen, und daß
sie's aushält, ist das Überraschende an dem Zustand.

*

Daß jetzt alle gegen alle kämpfen, wäre noch
auf einen elementaren Punkt zurückzuführen. Aber
daß jetzt alle einander grüßen, scheint mir kein von
der Natur angeschaffter sozialer Umsturz zu sein.

*

Jeder ist jetzt vom andern durch eine Uniform
unterschieden. Wie farblos wird die Welt, wenn sie's
so bunt treibt!

*

Seitdem man dem Bürger einen Spieß in die Hand gegeben hat, wissen wir endlich, was ein Held ist.

\*

Manche Redensart erwacht: Bis aufs Blut sekkieren.

\*

Am Tor eines deutschen Militärbüros sah ich ein Plakat, aus dem die Worte hervorsprangen: »Macht Soldaten frei!« Es war aber gemeint, daß Zivilisten als Schreiber für die Kanzlei gesucht werden, um den dort beschäftigten Soldaten den Abgang an die Front zu ermöglichen.

\*

Ich hörte Offiziere über die schlechte Bedienung schimpfen. Man sagte ihnen, die Zivilbevölkerung sei an der Front. Sie waren aber nicht zu beruhigen und nannten es einen Skandal.

\*

Grüßen sie einander oder greifen sie an ihre Stirn? Andere wieder schütteln die Köpfe.

\*

Theaterwirkung ist zweierlei: der Zusammenschluß der Spieler und der Zusammenschluß der Zuschauer. Beides vermag die Regie. Krieg ist jene Regie, bei der beiderlei Wirkung durcheinandergeht. Jene dort brüllen, als wären sie begeistert, diese hier sind begeistert, weil sie brüllen dürfen, Publikum ist Komparserie, und in dem Durcheinander kann man nicht unterscheiden, wer mitspielt, weil er mittut, und wer mittut, weil er dabei ist. Es ist, als ob der neuberliner Großregisseur seine Hand im Spiel hätte: die oben sind von unten hinaufgekommen und die unten sind von oben heruntergekommen. Die Tragödie, die sie spielen, besteht darin, daß sie sie spielen.

\*

Krieg ist zuerst die Hoffnung, daß es einem besser gehen wird, hierauf die Erwartung, daß es dem andern schlechter gehen wird, dann die Genugtuung, daß es dem andern auch nicht besser geht, und hernach die Überraschung, daß es beiden schlechter geht.

\*

Viele, die am 1. August 1914 begeistert waren und Butter hatten, haben gehofft, daß am 1. August 1917 noch mehr Butter sein werde. An die Begeisterung können sie sich noch erinnern.

\*

Organisation und Eigenschaft. Der Moment, wo der Deutsche grausam wird, tritt später ein. Der Moment, wo der Romane menschlich wird, tritt früher ein.

\*

Das muß man zugeben: wo die Deutschen hinkommen, machen sie ihre Sache ordentlich. Wenn's auch nicht immer ihre, sondern manchmal eine fremde Sache ist.

\*

Die Kriegsursache? Daß sie in Berlin auf Marmor gepißt haben.

\*

Ich kann mir nicht helfen, aber mir scheint halt
doch zwischen der artilleristischen Überlegenheit und
den hohen Obstpreisen sowie auch dem Zustand im
Beiwagen einer Elektrischen mit seinem ganzen
durchhaltenden und durchschwankenden Elend ein
kausaler Zusammenhang zu bestehen.

*

Die artilleristische Überlegenheit ist ein Vorteil,
wenn durch sie noch wichtigere Kulturgüter als sie
geschützt werden sollen. Da aber die artilleristische
Überlegenheit das Vorhandensein wichtigerer Kulturgüter ausschließt, so bleibt, um den Vorteil der
artilleristischen Überlegenheit zu erklären, nichts
übrig als die Erwägung, daß durch die artilleristische
Überlegenheit die artilleristische Überlegenheit geschützt werden soll.

*

Um einen Bahnhof sicher zu treffen, sollte man
auf einen Tiepolo zielen.

*

Was helfen uns die Flammenwerfer, wenn die
Zündhölzchen ausgehen!

*

Die Völker Europas dürften nachher gezwungen
sein, ihre heiligsten Güter aus Asien zu beziehen.

*

Geschäft ist Geschäft: weil jene es sagten,
sagten diese, es seien Händler. Jene aber meinten,

daß Geschäft Geschäft sei und nicht auch Leben und Religion.

*

Kriege und Geschäftsbücher werden mit Gott geführt.

*

Alle Vorräte, an Getreide, Mehl, Zucker, Kaffee und so weiter, sind nach einander gestreckt worden. Mit den Waffen wär's noch zu probieren.

*

Soldaten, die nicht wissen, wofür sie kämpfen, wissen doch einmal, wofür sie nicht kämpfen.

*

Persönlich geht mir nur die Entwürdigung der Menschheit nahe und ihre Bereitschaft sie zu ertragen. Persönlich würde ich mich nur gegen eine geistige Musterung sträuben. Und daß ich tauglich erklärt würde.

*

Die Welt wird sich einmal wundern, daß sie kein Geld mehr hat. So geht's jedem, der es verpulvert.

*

Es geht weiter. Das ist das einzige, was weiter geht.

*

Die Menschheit hatte die freiheitlichen Errungenschaften erfunden, und in derselben Zeit die Maschinen. Das war zuviel auf einmal und durch beiden Fortschritt ist ihr die Phantasie abhanden gekommen, so daß sie sich nicht mehr vorstellen konnte, wie die Maschinen schneller ans Ziel kämen als sie selbst. Daß diese mit den Errungenschaften fertig würden und mit ihr selbst.

*

Die Technik: Automobil im wahren Sinn des Wortes. Ein Ding, das sich nicht bloß ohne Pferd, sondern auch ohne den Menschen fortbewegt. Nachdem der Chauffeur den Wagen angekurbelt hatte, wurde er von ihm überfahren. Nun geht es so weiter.

*

Die Quantität läßt nur noch einen Gedanken zu: abzubröckeln.

*

Die Quantität verhindert auch jede Auflehnung gegen sie. Nicht die Drohung, sondern das Dasein des Maschinengewehrs unterdrückt die Besinnung der Menschenwürde. Revolvertaten, als die Antwort aus der so entwickelten Maschine selbst, haben keine Fortsetzung. Die Tat als Beispiel ist in der technischen Entwicklung nur bis zu Tells Geschoß vorgesehen. Bis dahin geht die Seele noch mit.

*

Zum Schutz gegen die Maschine hat das Ingenium der Menschheit die Hysterie erfunden. Ohne diese würde sie jene nicht aushalten und da sie auch diese nicht aushält, so kommt sie weiter.

*

Am 1. August 1914 hörte ich einen Ruf: »Immer feste rin in die Glorie!« Ich schämte mich, ein Nörgler zu sein, denn ich wußte damals schon ganz genau, daß die Zeit kommen werde für: »Außi möcht' i!« Nur war ich zugleich ein solcher Optimist, daß ich das Datum für die Äußerung dieses Wunsches, der sich schon am 1. August 1915 fühlbar machen mußte, auf den 1. August 1916 und nicht auf den 1. August 1917 festsetzte. In solchen Fällen läßt es sich aber nicht mit mathematischer, sondern nur mit apokalyptischer Genauigkeit arbeiten. Wo ich inzwischen die große Zeit angepackt habe, war sie interessant, und ihre schauerliche Kontrasthaftigkeit verbrannte den Märtyrern an den Fronten mehr das Herz als alle Flammenwerfer. Aber daß sie es in einem vermocht hat, einen Menschen wie Friedrich Adler, dessen Edelmut ausgereicht hätte, ein schuldiges Zeitalter zu begnadigen, zum Mörder und einen Menschen wie Moriz Benedikt zum Pair zu machen — das hätte selbst ich ihr nicht zugetraut! Nein, Waffentaten von heute, ob aus Pflicht oder aus Idee vollbracht, eben noch geeignet, in dem von jenem Unglücklichen verleugneten Sinne Schrecken zu erregen, sind nicht mehr imstande, in dem von ihm bejahten Sinn die »psychologische Voraussetzung einer künftigen Massenaktion« zu bilden. Denn der Mangel an Phantasie war die psychologische Voraussetzung der gegenwärtigen Massenaktion, deren fortwirkendem Kommando kein Gegenruf der Menschenwürde mehr antwortet, um die in Einzelschicksale aufgelöste Masse wieder zu sammeln. Es gibt keine Armbrust und keinen Tyrannen; es gibt Technik und Bürokraten. Es gibt

nur den Knopf, auf den das Plutokratische drückt.
Aber da ist kein verantwortliches Gesicht. Die
Problemstellung: Demokratie — Autokratie trifft ins
Leere, in das Vacuum der Zeit, das hier nur fühl-
barer wird als im andern Europa. Autokratie als ein
technischer Begriff: das könnte es sein. Ein Ding,
das nicht selbst, sondern von selbst gebietet. Und
alle treibt das hohle Wort des Herrschers Zufall,
der die Quantität regiert.

*

Der neue Krieg ist nicht allein der zwischen den
Staaten, sondern hauptsächlich der blutige Zusammen-
stoß der alten und der neuen Macht. Er ist entstanden,
weil es jene noch gab, als diese heraufkam und weil
sich die beiden in eine Verbindung eingelassen haben,
indem sich die alte mit ihrem Wesen zum Werkzeug
der neuen machte und mit ihrem Schein sie unterjocht
hat. Diese Verbindung, die Zwist bedeutet, drückt sich
in der allgemeinen Gleichberechtigung zur Sklaverei
aus. Um die alte Welt aus der daraus entstandenen
Not zu befreien, ist es nötig, die Partei der neuen
zu nehmen. Denn diese, die jene entgeistigt hat, um
sich von ihr überwältigen zu lassen, verfügt am Ende
allein über die Mittel, um sie wenigstens zur Vernunft
zu bringen, wenngleich sie beide nicht Phantasie
genug hatten, das Unheil abzuwenden. In diesem
Sinne muß der konservative Standpunkt, der doch die
äußere Ordnung und die Sicherung des Lebens wie
seiner Notwendigkeiten voraussetzt, auf Kriegsdauer
eine Verschiebung erfahren. In Staaten, die dümmer
sind als ihre Demokratie, muß man für diese sein

und ihr gegen den Staat helfen, dessen Dummheit
sie mobilisiert hat. Sie haben einander untergekriegt.
Die demokratische Tendenz muß im Kampf gegen
ihren Folgezustand unterstützt und die aristokratische
zu ihren Gunsten verlassen werden.

*

Neulich ertappte ich mich dabei, wie ich plötzlich halblaut das Wort »Mörder« sagte. Zum Glück
hatte mich niemand gehört. Hätte ich »Wucherer«
gesagt, so hätten sich alle umgedreht und keine
Erklärung hätte mir geholfen. So aber konnte ich
erforderlichenfalls vorbringen: daß ich eben darüber
nachgedacht hätte, wie nötig es wäre, die Todesstrafe
teils abzuschaffen teils einzuführen. Und daß ich mich
gerade zur Staatsprüfung vorbereite.

*

Ein Gesicht, dessen Furchen Schützengräben sind.

*

Und wenn sie untergeht, und nichts mehr zu
haben und niemand mehr da sein wird: Arbeitskräfte
werden da sein und Papier zu haben, damit behauptet
werden könne, daß sie nicht untergeht, oder, wenn
sich's schon rein nicht mehr in Abrede stellen ließe,
zu schildern, wie jene, die die Schuld tragen, dabei
martialisch dreingeblickt haben.

*

Als zum erstenmal das Wort »Friede« ausgesprochen wurde, entstand auf der Börse eine Panik.

Sie schrieen auf im Schmerz: Wir haben verdient!
Laßt uns den Krieg! Wir haben den Krieg verdient!

*

, Wo viel Reisende waren, wird's viel Hinkende
geben.

*

Wo kommen all die Sünden nur hin, die die
Menschheit täglich begeht? Sollten überirdische
Wesen nicht finden, daß der Äther schon zum
Schneiden dick sei?

*

Mein Tag ist ein Spießrutenlaufen inter homines
et omina.

*

Die deutsche Sprache schützt nicht mehr gegen
jene, die sie sprechen. Ich muß mir, will ich mich
retten, schnell etwas auf lateinisch einfallen lassen.
Das glückt; denn wie schön läßt sich's in einer
Sprache, die man vergessen hat, denken. Es entspringt dort, wo Deutsch mir noch nicht jenes Umgangs
Sprache war. Die Ungebildeten werden es nicht verstehen, die Gebildeten werden es für ein Sprichwort
halten und mir weiter nicht übelnehmen. Und so
empfiehlt man sich auf lateinisch.

*

Daß die Welt nicht vor ihrer Sünde erschrickt,
sieht ihr ähnlich. Aber vor eben diesem Spiegelbild
sollte sie erschrecken!

*

Wozu das Aufsehen? Der Planet ist so geringfügig, daß ihn ein Haß umarmen kann!

*

Der Zustand, in dem wir leben, ist der wahre Weltuntergang: der stabile.

*

›Noch kein Ende abzusehen.‹ »Doch!«

*

Um zu glauben, daß Einer das alles gemacht hat, braucht man doch sicher mehr Gedanken, als um zu wissen, daß er es nicht gemacht hat — ihr Idioten des freien Geistes!

*

Geduld, ihr Forscher! Die Aufklärung des Geheimnisses wird von diesem selbst erfolgen.